Dem Mythos auf der Spur

Judith Kürwitz

Dem Mythos auf der Spur

Bibliografische Information der Deutschen Nationalbibliothek
Die Deutsche Nationalbibliothek verzeichnet diese Publikation
in der Deutschen Nationalbibliografie; detaillierte bibliografische
Daten sind im Internet über http://dnb.d-nb.de abrufbar.

© 2009 Judith Kürwitz
Satz, Umschlaggestaltung, Herstellung und Verlag:
Books on Demand GmbH, Norderstedt
ISBN 978-3-8370-3087-7

Inhalt

I. Band

Dank und Einleitung

Hans-Heinz Kürwitz *15. August 1921 † 6. Dezember 2002

Der Anlass, dieses Buch zu schreiben, war der Tod meines geliebten Vaters.

Zu seinem Gedenken habe ich das vorliegende Werk zusammengestellt, dessen Schwerpunkte und zentrale Aussagen in der Hauptsache auf seinen Forschungsergebnissen beruhen.

Es war die Familienforschung, die ihn weit über sein ursprüngliches Vorhaben, nämlich seinen Kindern einen lückenlosen Stammbaum zu hinterlassen, hinausführte und ihn eine Zeitreise durch längst vergangene Jahrhunderte und Jahrtausende unternehmen ließ.

Ein Thronfolgestreit im Jahre 206 v. Chr. erregte seine Aufmerksamkeit und veranlasste ihn, sich mit den Themenbereichen auseinanderzusetzen, die Gegenstand dieses Buches sind. Wie mein Vater dazu kam, erklärt sich aus den ihm hinterlassenen Familienunterlagen. Darin befand sich u.a. eine genealogisch-historische Beschreibung aus dem Jahre 1733 über eine Familie, die sich in frühen Zeiten Corbis, Corbitz, Körbitz, Kyrbitz und ähnlich schrieb. Die erwähnte Beschreibung enthält eine Episode über zwei iberische Fürstensöhne, die eigenartigerweise Eingang in die meinem Vater hinterlassenen Familienunterlagen fand. Jedoch nicht die Vermutung einer Verwandtschaft,

sondern die aus dem folgenden Bericht hervorgehende Ungewöhnlichkeit einer Thronfolgeregelung, inspirierten meinen Vater an dieser
Stelle die Familienforschung zu beenden und sich stattdessen auf die
Fährte der iberischen Fürstensöhne zu setzen. Das Rätsel um das mysteriöse Thronfolgegesetz zu lösen, hatte er sich zur Aufgabe gestellt.

Der römische Geschichtsschreiber Titus Livius und später Josef Nyary,
berichteten über eine Episode aus dem Zweiten Punischen Krieg. Es
handelte sich in der Sache um einen Zweitkampf zwischen zwei iberischen Fürstensöhnen, CORBIS und ORSUA, der entscheiden sollte,
wer von ihnen der rechtmäßige Nachfolger des verstorbenen Regenten
ihres Fürstentums werden solle, also ein damals übliches Gottesge-
richt.

Der erste Gladiatorenkampf, dessen Teilnehmer namentlich überliefert sind, fand in CARTHAGO NOVA , dem heutigen CARTA-
GENA in Spanien, statt. Dort verbanden die Fürstensöhne CORBIS
und ORSUA im Jahre 206 v. Chr. den alten Brauch, persönliche Diffe-
renzen in einem Zweikampf Mann gegen Mann zu regeln, zum ersten
Mal mit der Sitte, zu Ehren von Toten zu fechten. Ihre Zuschauer
waren römische Soldaten aus den Legionen des Scipio im Zweiten
Punischen Krieg.

Der Ruhm des großen Feldherrn lockte Kämpfer aus ganz Spanien
herbei. Die meisten wurden von ihren Häuptlingen geschickt, die Wert
darauf legten, den siegreichen Römern Mut und Tapferkeit ihrer Krieger zu beweisen. Viele meldeten sich aus Bewunderung für Scipio,
denn sie hofften die Gunst des Feldherrn zu gewinnen. Aber es gab
auch Männer, die von irdischer Gerichtsbarkeit enttäuscht, eine höhere
Instanz anrufen wollten. Sie vereinbarten mit ihren Prozessgegnern,
der Rechtsstreit solle zugunsten desjenigen entschieden sein, der das
Plädoyer mit den Schwertern überlebte. Auch CORBIS und ORSUA
wünschten ein Gottesurteil, gegen das keine Berufung denkbar war.
Die beiden iberischen Fürstensöhne aus dem Stamm der CONTES-

TANER lebten in Idem oder Idiensis, einem Städtchen in den Bergen westlich der Costa Blanca, 32 Kilometer südlich von Alicante in der Sierra de CARRASCAL. Dort stritten sich CORBIS und ORSUA um den Thron.

CORBIS' Vater hatte einst über die CONTESTANER geherrscht. Als er gestorben war, bestieg nicht sein Sohn CORBIS den Thron, sondern des verstorbenen Königs nächst jüngerer Bruder, ORSUA's Vater.

Als auch dieser König starb, meldete CORBIS, inzwischen ein Mann in den besten Jahren, seinen Anspruch an. Aber auch der Jüngere, sein Vetter ORSUA, forderte jetzt Macht und Krone.

Scipio wollte diese Auseinandersetzung mit gütlichen Mitteln beilegen, denn der Römer schätzte die Vettern als tüchtige Bundesgenossen und wollte keinen von beiden verlieren. Darum schlug er vor, er selbst wolle über den Streit der beiden Thronbewerber richten. Aber die Vettern lehnten ab. Sie erklärten, außer Mars solle weder Gott noch Mensch ihren Fall entscheiden.

CORBIS schien der Stärkere von beiden. ORSUA vertraute auf seine Jugend. Beide versicherten Scipio, dass sie lieber tot sein würden als dem Vetter untertan.

Daraufhin gab Scipio nach – und verschaffte seinen Legionären dadurch ein Schauspiel, das eindringlicher als alle politischen Schriften verriet, wie weit Machthunger Menschen treiben kann. Bald aber zeigte sich, dass der jüngere ORSUA zwar der Kraft, nicht aber der Erfahrung seines älteren Vetters gewachsen war: CORBIS erspähte eine Blöße in ORSUA'S Deckung und stieß sein Schwert dem Gegner durch die Rüstung in den Leib. Tot sank ORSUA in den Sand.

SCIPIO befahl, den Toten mit allen militärischen Ehren zu bestatten, und erkannte CORBIS offiziell als Herrscher von Idiensis an. Als die nächsten Gladiatoren in die Arena traten, schritt der neue König schweigend davon – sein Stolz und sein Ehrgeiz hatten einen hohen Preis verlangt.

Erbstreitigkeiten waren jedoch im Verlauf der Menschheitsgeschichte nichts ungewöhnliches einen Rivalen, auch den nächsten Verwandten aus Machthunger umzubringen war sozusagen an der Tagesordnung und für dieses Buch auch nur von geringem Interesse.

Bei einer Analyse des von Livius beschriebenen Zweikampfes fällt eine Ungewöhnlichkeit in der damals praktizierten Thronfolgeregelung auf. Sie bestimmte nicht den ältesten Sohn als Thronerben, sondern des Königs jüngeren Bruder. Wie mein Vater im Verlauf seiner langjährigen Forschungen feststellen konnte, hatte dieses Erbfolgesystem seinen Ursprung in einer jahrtausendealten Vergangenheit.

Zunächst blieb mein Vater aber auf den Spuren der Königssöhne und versuchte über den Namen CORBIS weiterführende Informationen über das Thronfolgegesetz zu erhalten.

Ein Hinweis von Prof. Fritz Hommel führte ihn nach Kleinasien und von dort in das alte, schon lange untergegangene Königreich von Elam (im Südwesten des heutigen Iran). Hier fand er nicht nur Namen, die dem des Fürstensohnes CORBIS sehr ähnlich waren, sondern merkwürdigerweise ein von Archäologen entdecktes, auf Tontafeln überliefertes Thronfolgerecht. Erstaunt musste mein Vater zur Kenntnis nehmen, dass die Regelung dieses Thronfolgegesetzes mit dem oben beschriebenen insoweit Übereinstimmung fand, als auch hier nicht der Sohn des verstorbenen Fürsten als Thronerbe vorgesehen war, sondern wie zur Zeit um 206 v. Chr. im alten Iberien nur der jüngere Bruder des Königs das Anrecht auf den Thron hatte.

Das von den Archäologen entdeckte Thronfolgegesetz dokumentiert zweifelsfrei ein außergewöhnliches Erbfolgesystem, das über Jahrtausende angewendet wurde.

Welche Bedeutung steckte aber hinter diesem sonderbaren Erbfolgesystem, das über einen so ungewöhnlich langen Zeitraum Gültigkeit besaß? Von wem wurde es erdacht und warum?

Für meinen Vater begann wohl an dieser Stelle die spannendste Zeit seines Lebens. Unerwartet und unbeabsichtigt befand er sich mitten in der griechischen Mythologie, und unausweichlich sah er sich mit dem ältesten Rätsel der Menschheitsgeschichte, der Frage nach dem Woher des Menschen, konfrontiert.

Mit diesem Thema beschäftigt sich das vorliegende Buch. Berichte aus Wissenschaft und Forschung, interessante Überlieferungen aus den alten Mythen und der Bibel begleiten den Leser in eine Welt, in der Wirklichkeit und Mythos scheinbar nahtlos ineinander verschmelzen.

Nomen est omen

Auf der Suche nach dem Ursprung und Sinn dieses Thronfolgegesetzes stellten sich mehr und mehr der Name des Fürstensohnes CORBIS, der Name der Göttin KORE, der ihres Sohnes KORYBAS, der Name der Landschaft CORBIANA und der der Stadt CORBIENE, das heutige Khorramabad, in den Mittelpunkt der Spurensuche.

Alle diese Namensbildungen wurden einst aus dem Wurzelwort „KOR" gebildet. Die genannten Namen sind historisch verbürgt und verfügen über die sprachwissenschaftliche Voraussetzung für die Zugehörigkeit zu einer Wortfamilie. Das bedeutet, dass ihre Wurzel und Etymologie den Anspruch auf eine Jahrtausende alte Zugehörigkeit zu einem sehr früh entstandenen Namen erfüllen.

Das Wortbild der Namen wurde aus dem Wurzelwort „KOR" des Namens der KORE abgeleitet. Die Erweiterung auf „KORB-" deutet auf eine direkte Ableitung vom Namen des Sohnes der KORE, also auf KORYBAS hin. Die unterschiedlichen Endungen beruhen auf grammatikalischen oder dialektalen Eigenheiten der verschiedenen Sprachen, aber auch auf Suffixen (Nachsilben), die aus anderen Wurzelwörtern zur Verdeutlichung der Besonderheit des jeweiligen Namens dienten.

In verschiedenen Ländern wurde aufgrund unterschiedlicher Klangformen das „o" des Wurzelwortes durch ein „a", „e", „i" oder „u" ersetzt. Der Einbau eines „h" nach dem Anfangskonsonanten war vorwiegend in östlichen Länder gebräuchlich. Die unterschiedliche Schreibweise der Namen („k" oder „c") hat für deren Aussagewert keine Bedeutung. In römischer Zeit wurde das „b" des Wurzelwortes gelegentlich in ein „v" umgewandelt.

Da die Namen nicht griechischen, sondern persischen Ursprungs waren, dürften sie vorher anders geschrieben worden sein. Als die Griechen sie in ihre Sprache integrierten, übernahmen sie die Klangform in ihre Schrift.

Nach Gert Meier („Am Anfang war das Wort. Die Spracharchäologie als neue Disziplin der Geisteswissenschaften", Kapitel 1) sind Worte Ideogramme, also Schriftzeichen, die nicht eine bestimmte Lautung, sondern einen ganzen Begriff repräsentieren. Das Wort ist Sinn- und Kenn-Zeichen für eine ursprüngliche Vorstellung, ein „Urbild". Namen sind sprachliche Sinn-Zeichen, deren Herkunft vergessen ist. Die Namenswerdung ist ein Akt der Mediatisierung (des „Mittelbarmachens"), der Ablösung, nicht mehr Sinn-, sondern nur noch Kennzeichen. Namen beschränken sich auf die vordergründige Repräsentation des Dings, der Tätigkeit oder des Zustandes, für den sie stehen. Meier behauptet, dass jede Bezeichnung, deren ursprünglicher Sinngehalt nicht mehr verstanden wird, zum Namen wird.

Die ältere Etymologie (nach dem „Historischen Wörterbuch") beansprucht, dass nicht die Entwicklung des Wortes, sondern die Aufdeckung seines unverlierbaren Kerns ihr Ziel ist.

Das Wort und vor allem der Name gilt meist nicht als willkürliche Bezeichnung, sondern als Offenbarung des Wesens.
(aus: Arno Borst (Uni Essen), „Der Turmbau zu Babel")

Hinweis:

alle oben genannten Namen wurden unterschiedlich geschrieben, z. B.: Korybas, Corybas, Kyrbas, Koribas usw.

Khorremabad, Chorramabad, Curimabad u.ä.

Kapitel I

Dem Mythos auf der Spur

*H*elden sind halb Götter, hochberühmte Männer gehen mit ihnen in gleichem Paare. Die Sterblichkeit alleine unterscheidet sie.
 Eine Vergleichung, welche schon zu den abgelebten Zeiten des grauen Alterthums üblich gewesen, und eine Wahrheit, die jedweden in das Auge leuchtet.«
*

 Goethe verstand den Mythos als »Menschenkunde in höherem Sinne«. Hinsichtlich seiner Wiederholungsstruktur nannte er ihn »die abgespiegelte Wahrheit einer uralten Gegenwart« (1814).

Nietzsche prägte das Wort von der »ewigen Wiederkunft« (1888).

Thomas Mann definierte das Wesen des Mythos als »zeitlose Immer-Gegenwart« (1928).

Nach den ältesten Erklärungen sind die Mythen Allegorien, die belehren können und einen tiefen Sinn enthalten. Jenen auf diese Art zu verhüllen, riet die Klugheit früher, weiser Männer, sei es, um zu verhindern, dass tiefe Wahrheiten an Menschen gelangen, die zu unwissend oder zu ehrfurchtslos waren, sie richtig zu gebrauchen, sei es, um durch Geschichten diejenigen anzulocken, die einer trockenen oder formalen Erörterung nicht folgen würden.

»In mythischen Geschichten beschrieben Menschen ihre Kultur, Religion und Weltsicht und tanzten symbolisch die unsichtbare Wandlung hinter allen sichtbaren Dingen. In Reigentänzen gestalteten sie ihre Ehrfurcht vor den kosmischen Rhythmen und erlebten die stetig gleichen Wandlungen *des Mondes als ihre eigene Lebensdynamik von zuverlässiger Wiederkehr aus dem Tod. Tanzend übernahmen sie die Verantwortung dafür, dass der Zyklus ewiger Regeneration durch niemanden zerstört wurde.« (Jutta Voss)*

Bei einer Analyse des Mythos als der ältesten Form der geschichtlichen und geographischen Kunde muss man berücksichtigen, dass der Mythos zwar Realitäten darzustellen versuchte, für die er aber wegen der ihm eigenen Denkweise keine rationalen Beweise benötigte. Deshalb ist es äußerst schwierig, die komplizierten Inhalte des Mythos als reale Vorgänge einer sehr frühen Epoche der Menschheitsgeschichte zu identifizieren. Dennoch bleibt der Mythos die einzige verfügbare Quelle, Ereignisse der Vorgeschichte – wenn auch mit Einschränkungen – zu rekonstruieren.

Die auf der Grundlage ungesicherter Fakten nachvollzogenen Geschehnisse sind nur dann als wahrscheinliche Vorgänge zu werten, wenn sich aus der Konstellation der Hintergrundverflechtungen ihrer Gestalten keine Alternativen für andere Erklärungen ergeben würden. Nach den Vorstellungen meines Vaters konnte der Mythos erst nach Ereignissen entstehen, die tatsächlich in frühester Zeit stattgefunden haben und die später lebende Generationen mit ihren darstellenden Möglichkeiten informierten. Die vorerst mündlich weitergegebenen Nachrichten unterlagen entsprechend dem Mitteilungsbedürfnis der Menschen einer oft ausufernden Fabulierfreude der jeweiligen Zeitgenossen. So entstanden aus ursprünglich einfachen Meldungen meist ausgeschmückte Geschichten, die oft nur noch in ihrem Kern ein »bisschen Wahrheit« enthielten.

So gesehen kann man annehmen, dass sich der Stoff der Mythen aus Teilwahrheiten über früheste Ereignisse zusammensetzte, die sich in vormythischer Zeit abgespielt haben. Eine exakte Datierung dieser »vormythischen« Epoche ist unmöglich, aber man könnte sie mit dem Beginn des Sesshaftwerdens des Menschen und den dann nachfolgenden Lebensabschnitten der nächsten drei Generationen eingrenzen. Der Übergang vom sogenannten Paläolithikum zum Neolithikum (Altsteinzeit zur Jungsteinzeit) fand etwa in der Zeit zwischen dem 11. und dem 10. Jahrtausend v. Chr. statt. Diese Zeit kann als »vormythische« Zeit angesehen werden.

Die Entstehungen dörflicher Gemeinschaften, aus denen sich schnell Territorialstaaten mit Fürsten und Untertanen entwickelten, waren die ersten geschichtlichen Ereignisse der Vorgeschichte. Auf die Frage, wer ihre Götter waren, könnte man unter Berücksichtigung neuester wissenschaftlicher Forschungsergebnisse auch folgende Gegenfrage stellen: Was wäre, wenn sich herausstellen würde, dass die uns aus den Mythologien und Religionen der alten Völker bekannten Göttergestalten letzten Endes auch nur Menschen nach unseren Vorstellungen waren? In diesem Zusammenhang verweise ich auf die alttestamentarische Schöpfungsgeschichte, nach der Gott den Menschen nach seinem Bilde erschuf.

»Da aber die Menschen begannen, auf Erden sich zu vermehren, und ihnen Töchter geboren wurden, da sahen die Kinder nach den Töchtern der Menschen, wie schön sie waren, und nahmen sie zu Weibern, welche sie wollten. […] Es waren auch zu Zeiten Tyrannen auf Erden, denn da die Kinder Gottes zu den Töchtern der Menschen eingingen und sie ihnen Kinder gebaren, wurden daraus gewaltige, in der Welt berühmte Männer.«
(1. Buch Mose, 6. Kapitel)

Das Alte Testament berichtet von dem Kampf zwischen den Göttern im Himmel, dessen Folgen ihren Besuch auf der Erde initiiert haben sollen. Der in der griechischen Mythologie beschriebene Zwist zwischen dem Titanen KRONOS und seinem Sohn ZEUS könnte in diesem Zusammenhang ein Anhaltspunkt sein, darüber nachzudenken, ob nicht doch zwischen Mythos und Wirklichkeit ernst zu nehmende

Hinweise über Vorgänge verborgen sind, die eine Berührung außerirdischer mit irdischen Menschen beinhalten könnte.

Sicherlich, der spekulative Aspekt derartiger Vorstellungen steht außer Frage. Ohne verifizierbare Daten und Fakten ist unser kritischer Verstand nicht bereit, Ereignisse, die wie Illusionen erscheinen, rational zu verarbeiten. Die im Mythos enthaltenen Erzählungen weisen viele Unklarheiten auf und widersprechen sich häufig. Dies liegt aber daran, dass sie uns erst von sehr späten Autoren überliefert wurden.

Die Mythenkritik, die die Wahrheit des Mythos bestreitet, hat sich vornehmlich an der Vielzahl der Götter und einer vermenschlichenden Auffassung von ihrem Wesen und ihrer Gestalt entzündet. Sie findet sich bereits in der griechischen Antike, besonders bei dem Dichter und Philosophen XENOPHANES (um 565 bis etwa 470 v. Chr.), und herrscht in Europa bis ins 17. Jahrhundert mit der Theorie des Euhemerismus vor, nach der im Mythos die in die Sphäre der Götter gehobene Geschichte früherer Perioden der Menschheit widerspiegelt. In Herbert J. Roses »Einleitung zur Geschichte der Mythologie« spricht der Autor von einer »allegorischen (sinnbildlichen, gleichnishaften) Theorie«: Die griechischen Geschichtsschreiber und Geographen hätten in ihren Darstellungen vergangener Geschichte Erzählungen aus dem Mythen- und Sagenzyklus der Antike einbezogen, sodass gelegentlich Zweifel über ihren historischen Wert, auch hinsichtlich der Namen, aufkamen. Sie selbst waren davon überzeugt, dass in diesen Überlieferungen realgeschichtliche Vorgänge enthalten waren, die sich in früherer Zeit abgespielt hatten.

Der von dem römischen Staatsmann und Philosophen CICERO als Vater der Geschichtsschreibung bezeichnete griechische Historiker HERODOT (490–430 v. Chr.) bezeichnete den Mythos als »abgesunkene Geschichte«. Danach gaben die Mythologien und Religionen fast aller alten Völker Hinweise, dass die Götter in Menschengestalt auf der Erde lebten. Diese Vermutung deckte sich allerdings in keiner Weise mit den Erkenntnissen der modernen Naturwissenschaften, so mein Vater.

Kapitel II

Die göttliche Herkunft in den Mythen

Die griechische Mythologie nennt als den Ursprung aller Göttergestalten die Vermählung des Himmels (URANUS) mit der Erde (GAIA oder GE). Dies wird als Anfang aller Dinge betrachtet. Himmel und Erde waren jedoch keineswegs allein im Weltbild der Griechen, sondern beispielsweise auch im weit entfernten Neuseeland das erste Paar. Die Kinder dieses ersten Paares wurden TITANEN genannt. Dies sind die ältesten Göttergestalten mit Namen KRONOS, IAPETOS, OKEANOS und ihren Gefährtinnen RHEA, TETHYS und THEMIS. Mit Sicherheit kann gesagt werden, dass sie ungewisser Herkunft, also keine griechischen Götter waren. Die TITANEN galten als Naturgewalten.

ZEUS, der oberste Gott der Griechen, war der Sohn des KRONOS und der RHEA. Aus einer Verbindung des ZEUS und seiner Gemahlin DEMETER, die zugleich auch seine Schwester war, entstammt KORE.

Die Kämpfe zwischen den Göttern im Himmel, auch »Krieg der Sterne« genannt, sollen Anlass für die Flucht der Göttermutter RHEA mit ihren Kindern auf die Erde gewesen sein. Eine erstaunliche Anzahl unterschiedlicher Quellen bestätigt diese Vorstellungen. Erich von Däniken hat im 2. Kapitel seines Buches »Aussaat und Kosmos« ausführlich darüber berichtet und die entsprechenden Quellen benannt.

Dieser Krieg im Weltall könnte sich zwischen hoch entwickelten Wesen zugetragen haben, die sich um die Vorherrschaft oder die Konzeption ihrer Interessen stritten. In den Vorstellungen antiker Völker war der Krieg die einzige Form der Auseinandersetzung, insbesondere dann, wenn es sich um Besitzansprüche handelte, in denen Götter die Kontrahenten waren. Ihr Interesse an der Erde könnte ursächlich mit einer Überbevölkerung eines oder mehrerer Planeten der Anlass gewesen sein, die Erde aufzusuchen.

Kapitel III

Bericht über die Messung ungewöhnlicher Strahlungen

Unter dem Titel »Rätselhafte Botschaft« erschien im Magazin »Der Spiegel« (Nr. 44/88) ein Bericht über die Entdeckung geheimnisvoller Strahlungen aus dem Weltall. Zwischen 1976 und 1980 hatten zwei Wissenschaftler des Instituts für Reine und Angewandte Kernphysik der Universität Kiel, Manfred Samorski und Wilhelm Stamm, in unmittelbarer Nähe eines Bunkerriesen des Zweiten Weltkrieges Detektoren aufgestellt. Im Jahre 1983 berichteten beide Physiker, dass sie vom Himmelsobjekt X-3 aus dem Sternbild Schwan (Cygnus) eine höchst ungewöhnliche kosmische Strahlung registriert hätten.

Diese Sternenbotschaft passt in keiner Weise in das Weltbild der theoretischen Physik. Fünf Jahre nach dem Empfang dieser Strahlungen haben US-Wissenschaftler die Zweifel der Fachwelt über die angeblichen Messungen an der Kieler Förde ausgeräumt. Sie hatten selbst diese ungewöhnlichen Strahlen von einem anderen Himmelsobjekt mit der Chiffre X-1 im Sternbild »Herkules« empfangen. Jahrelang hatten die Amerikaner ihre Messungen überprüft, um sicher zu sein, dass sie keinem Irrtum unterlagen. Als sich ihre Detektor-Daten vom Alamos National Laboratory im US-Staat New Mexico jedoch nahtlos mit Beobachtungen am Observatorium in Arizona und denen auf Hawaii deckten, waren sich die Astrophysiker sicher, eine Entdeckung von höchster Bedeutung verzeichnet zu haben.

In dem Bericht ist weiter davon die Rede, dass die registrierten Signale die bisherigen Erkennungsmuster kosmischer Strahlungen sprengen. Es konnte nachgewiesen werden, dass sogenannte subatomare Teilchen (Myonen) als Geisterteilchen ohne elektrische Ladung und

24

scheinbar ohne Masse möglicherweise auch Spuren gänzlich unbekannter Teilchen sein könnten.

Die Messungen und Erklärungen der Astrophysiker bestätigen das Vorhandensein kosmischer Strahlungen von so großer Energie, dass man nicht nur ihre enorme Durchschlagsfähigkeit allen Widerständen gegenüber erstaunt zur Kenntnis nehmen muss. Vielmehr lässt sich fragen, ob ihre Energien möglicherweise auch Substanzen verändern, vielleicht gar unbewegte Materie gestalten und – ein sehr gewagter Gedanke – die Bestandteile des menschlichen Körpers nach dessen Tod entmaterialisieren und in heute noch nicht vorstellbare Substanzen (Körper?) umformen könnten. Die wissenschaftlichen Erkenntnisse der Evolutionsbiologie und der Astrophysik sind in ihren Aussagen nur hypothetische Erklärungen, aber da sie alte Vorstellungen verwerfen, sind sie höchst interessant und für Denkansätze im Bereich der Möglichkeiten äußerst hilfreich.

Der amerikanische Astrophysiker Professor Paul Horowitz ist sich sicher, in nächster Zukunft Leben auf einem der Planeten unserer Milchstraße zu entdecken.

Die Messungen der Kernphysiker der Universität Kiel haben ergeben, dass durch geheimnisvolle kosmische Strahlungen das bisherige Weltbild der theoretischen Physik als schlichtweg überholt angesehen werden muss. Diese Strahlungen sind, wenn auch noch rätselhaft, unwiderlegbare Signale aus dem Sternbild Schwan (Cygnus). Sie wurden von einem US-Forscherteam bestätigt, die ihrerseits gleichartige Strahlungen vom Sternbild Herkules registrieren konnten.

Noch sind die möglichen Erklärungen für diese Strahlen, wie die Wissenschaftler betonen, hypothetisch. Sie könnten aber durchaus Signale sein, die jemand als Botschaft zur Erde sandte, um zur Lösung der Geheimnisse des Lebens im Universum beizutragen. Die Tatsache, hochintensive Strahlungen gemessen zu haben, führt in Gedankenbereiche, die nicht mehr ausschließen wollen, dass es vielleicht schon vor Jahrtausenden Leben auf anderen Planeten gegeben hat.

Die neuesten Forschungsergebnisse der Evolutionsbiologie eröffnen neue Maßstäbe über die Entwicklung menschlichen, sicherlich auch außerirdischen Lebens. So wäre es, wie schon angedeutet, gar nicht abwegig, dass bereits vor der Entstehung menschlichen Lebens auf der Erde und seiner Entfaltung zum Homo sapiens evolutionsbiologische Prozesse im Weltall stattfanden, die vor Jahrtausenden zur Heranbildung jener Wesen führten, die uns als Götter der Mythologien überliefert wurden. Namhafte Wissenschaftler hatten herausgefunden, dass das erbverändernde Gen ausschließlich seinem Fortpflanzungsbestreben mit dem Ziel der eigenen Höherentwicklung folgt. Es ist nur auf den Fortschritt des eigenen Stammes fixiert und kennt keinerlei soziales Verhalten.

Diese wahrhaft schockierenden Analysen bestätigen das totale Fehlen einer höheren Moral oder eines Gebots zugunsten von Gemeinnutz oder gar Artdienlichkeit.

Der Ursprung des Lebens reicht nach Professor Ilya Prigogine, Nobelpreisträger und Koryphäe seines Faches, bis weit hinab in die inneren Bewegungen unbelebter Materie. Bekanntlich können so genannte Mutagene – natürlich vorkommende und synthetische Substanzen – eine Mutation (Erbveränderung) herbeiführen. Strahlungen, die zum Bereich der natürlichen Mutagene gehören, könnten demzufolge die inneren Bewegungen der unbelebten Materie zu Leben beeinflusst haben. Wäre dies der Fall, könnte überall, auch auf anderen Planeten, menschliches Leben entstanden sein.

Setzen wir voraus, dass sich Leben, das unserem Erscheinungsbild entspricht, schon lange vor uns herangebildet hatte: schon vor Jahrtausenden, also etwa zu der Zeit, als die Menschen sesshaft wurden und bereits die angedeuteten Entwicklungsphasen erreicht hatten. Diese Vorstellungen galten bisher als irreal. Mit Blick auf die Messungen der ungewöhnlichen Strahlungen aus den genannten Sternbildern wäre es aber verfrüht, sie gänzlich auszuschließen.

An dieser Stelle sei auf einen Artikel zweier Wissenschaftler vom

Luft- und Raumfahrtinstitut in Bonn, Siegfried Ruff und Wolfgang Briegleb, hingewiesen. Diese nahmen in dem von Ernst von Khuon herausgegebenen Buch »Waren die Götter Astronauten?« zu einigen Thesen Erich von Dänikens Stellung. Im 4. Kapitel dieses Buches (S. 82–92) schrieben sie:

»In der Presse versucht man jetzt, Däniken als Science-Fiction-Autor abzuwerten. Sicher ist ein erheblicher Teil seiner Spekulationen verfrüht oder nach unseren heutigen Erkenntnissen nicht haltbar, wie zum Beispiel seine These vom vorprogrammierten Wissen. Auf der anderen Seite basiert Däniken jedoch auf nachprüfbaren Dingen, die zu reizvoll erscheinen, als dass man sie jetzt noch länger vernachlässigen sollte. Wir meinen, dass diejenigen einer möglichen Blamage entgegensehen, die den polemischen Däniken polemisch abzutun versuchen. Es wäre auch interessant zu wissen, was diejenigen, die Däniken als Science-Fiction-Autor eingestuft haben, damit sagen wollten. Es gibt Science-Fiction-Autoren, die im Hauptberuf Naturwissenschaftler sind, wie beispielsweise F. Hoyle (Astronomie und Kosmogonie der Royal Society), andere werden als Festredner zu wissenschaftlichen Tagungen eingeladen, wie zum Beispiel A.C. Clarke, der als Erster Nachrichtensatelliten vorgeschlagen hatte.«

Das genannte Buch mit diesem Artikel wurde 1970 im Econ Verlag publiziert. Inzwischen haben Forschungen neue Ergebnisse in allen Disziplinen der Naturwissenschaften hervorgebracht, deren Erkenntnisse bisher als unverrückbar galten.

Über 250 Wissenschaftler in zwanzig Ländern bemühen sich mit modernsten Geräten, Botschaften fremder Wesen aus dem Weltall zu empfangen. Wäre man nicht davon überzeugt, dass es Leben, vermutlich auch menschenähnliches, irgendwo im Universum gibt, hätten die Wissenschaftler ihren Forschungsbestrebungen nicht Prioritäten vorangestellt, die ausschließlich dem Ziele dienen, dort Leben nachzuweisen.

Die neuesten Erkenntnisse der Evolutionsbiologie und der Astrophysik sind Anzeichen dafür, dass man heute den Wert der Mythologien und Religionen als Anhaltspunkt möglicher Vorgänge frühester menschlicher Geschichte nicht länger unbeachtet lassen darf. Man sollte sich mehr Mühe geben, die im Mythos eingebundenen Ereignisse auf interessante Übereinstimmungen mit den theoretischen Erklärungen modernster Forschungen zu untersuchen. Es ist doch eigenartig, dass mythische Darstellungen über den Ursprung der Welt bei den verschiedenen alten Völkern sich in ihren Inhalten kaum unterscheiden, obwohl diese Völker ohne Kenntnis voneinander in verschiedenen, oft weit entfernten Ländern lebten. Der Konsens eines bei allen gültigen Weltbildes als Bestandteil ihrer Religionen musste ihnen von »irgendjemandem« überbracht, vermittelt oder auch aufgezwungen worden sein.

Das in unseren Raumschiff-Unterhaltungsfilmen gezeigte »Beamen« eines oder mehrerer menschlicher Körper ist zwar oberflächlich gesehen nur ein Gag der Regie, aber man verwendete das Wort »beam«, welches übersetzt Richt- oder Lichtstrahl heißt. Materie könnte durch einen Richtstrahl an einen anderen Ort verlegt werden.

Mit der Serie »Raumschiff Enterprise« wurde uns ein Einblick in technische Vorstellungen gegeben, nach denen ein Mensch von seinem Standort aus an eine andere, weit entfernte Position »gebeamt«, also »gestrahlt« werden kann. Dies wurde zunächst als technische Spielerei abgetan, aber wer könnte heute noch ernsthaft derartige Möglichkeiten für die Zukunft in Frage stellen?

Die Wissenschaft ist das Instrument geduldiger und rationaler Erforschung. Ohne sie geht es nicht, aber sie ist auch nicht das A und O des Lebens, dessen Geheimnisse der Mensch seit Jahrtausenden zu enträtseln sucht. Des Menschen oft avantgardistische, scheinbar wirklichkeitsfremde Gedanken sind Intuitionen, die er unbewusst aus den Wurzeln des Lebens bezieht.

Dieser gedankliche Exkurs in die Unendlichkeit der Möglichkeiten nähert sich dem immerwährenden Wunsch des Menschen nach einem Weiterleben nach dem Tode. Die für uns unwirklichen, verworrenen und nur gedanklich konstruierbaren Wunschbilder unserer Fantasie müssen dennoch nicht absurd sein.

Kapitel IV

Die Herausforderung der Evolutionsbiologie

Die Herausforderung der Evolutionsbiologie« lautet der Titel eines Buches, das von Heinrich Meier herausgegeben wurde. Es erschien im Piper Verlag, München, und enthält Beiträge von Richard Alexander, Norbert Bischof, Richard Dawkins, Hans Kummer, Roger D. Masters, Ernst Mayr, Ilya Prigogine und Christian Vogel.

Der Darwinismus hat die biblischen Zeit- und Schöpfungsvorstellungen mit ihren Moralgeboten längst überholt. Die Tendenz der Darstellungen zielt auf die natürliche, genetische Nützlichkeit hin und stellt als Bezugsgröße der genetischen Auslese das egoistische Verhalten und Fortpflanzungsbestreben des Gens heraus. Evolution ist zu einer reinen Kosten-Nutzen-Rechnung des Fortpflanzungserfolges geworden. Zur Ausbildung einer genetisch bedingten Auslese dient das Gen in seinem egoistischen Verhalten nur sich selbst, seiner Weiterentwicklung und seinem Fortpflanzungsbestreben.

Richard Dawkins (Oxford), Autor des weithin bekannten Werkes »Das egoistische Gen«, nennt Lebewesen jeglicher Art als bloße Transportmittel ihrer seit Urzeiten in die jeweils nächste Generation weitergereichten Gene.

Die bisherigen Vorstellungen der Biomathematik, die die »zufällige« Entstehung von Leben auf der Erde zum letzten Schluss ihrer Weisheit erklärte, werden von dem Nobelpreisträger Ilya Prigogine mit der Feststellung erschüttert, dass die Wurzeln des Lebens weit hinab in die inneren Bewegungen sogenannter unbelebter Materie reichen. Die Entstehung von Leben auf der Erde könne daher kein Zufall gewesen sein.

An dieser Stelle sei noch die Frage erlaubt,- ist die Wissenschaft selbst rational, wenn sie an den Zufall glaubt? Albert Einstein hat sich diesbezüglich wie folgt ausgedrückt: „Es ist der Pfad, den Gott einschlägt, wenn Er anonym bleiben möchte."

Dazu mein Vater:

»Wenn man die Tatsache der neu entdeckten Strahlungen von Samorski und Stamm und die Erkenntnisse des amerikanischen astrophysikalischen Forscherteams danebenstellt, liefern die Fortschritte der beiden Wissenschaftsdisziplinen in ihrer Auslegung jene ungeduldig erwarteten Bestätigungen der avantgardistischen Perspektiven, wie sie uns Däniken und andere mit ihren Thesen zu außerirdischen Einflüssen auf unser Leben prognostiziert haben.

Die Auswirkungen von Strahlungsenergie auf unbelebte Materie waren sicherlich nicht nur Vorgänge, die vor Jahrmillionen Leben verursachten, sondern hatten zu allen Zeiten die Möglichkeit, Leben in unserer Form zu bilden; auch dann, wenn primitives Leben aus einer Urphase zu neuen Erscheinungsbildern verändert wurde. Wie schon dargestellt, kann man die Lenkung überdurchschnittlicher Strahlenkräfte als Impulse bereits formierter höherentwickelter Wesen auf die primitiven altsteinzeitlichen Erdbewohner voraussetzen, wie sie sich im Wandel als Auswahl erweisen. Die Schlüsse, die die hoch angesehenen Forscher bisher aus ihren Erkenntnissen zogen, lassen alle Möglichkeiten offen, nach meinem Verständnis auch die einer Entwicklung in den unendlichen Weiten des Weltalls.«

Kapitel V

Der Aurignac-Mensch

Das Aurignacien war eine jungpaläolitische Industrie- und vorgeschichtliche Kulturstufe des frühen Homo sapiens sapiens. Benannt wurde sie nach dem Hauptfundort in der Höhle Aurignac im französischen Departement Haute-Garonne in den Pyrenäen. Im Aurignacien erschienen in Mitteleuropa erstmals anatomisch moderne Menschen, die mit ziemlicher Sicherheit Kontakt zu den Neandertalern hatten. Mit dieser Kultur begann in Europa das Jungpaläolithikum (Jüngere Altsteinzeit). Das Aurignacien begann vor etwa 35 000 Jahren und dauerte etwa 10 000–15 000 Jahre. Es überschneidet sich daher teilweise mit dem Châtelperronien, das dem Neandertaler zuzuordnen ist. Die Kulturstufe des Aurignacien war im gesamten Mitteleuropa sowie in West- und Südeuropa verbreitet.

Das Ende der Altsteinzeit bzw. der Beginn des Neolithikums wird durch eine Sonderform im Osten, im Zagrosgebirge, in der Terminologie der Archäologie als Zarzien bezeichnet. Die Sonderform als Übergang zur 2. Phase des Neolithikums ist für die Bestimmung der in dieser Zeit lebenden Gattungen insofern wichtig, als dass sich in ihr ein Umwandlungsprozess zum rezenten Menschenbild vollzogen haben musste. Im mittleren Paläolithikum (Mittlere Altsteinzeit) lebten in Vorderasien wie auch an anderen Stellen der Erde die Neandertaler. Ihnen folgten die als Aurignacien bezeichneten Höhlenbewohner in den Tälern des Zagrosgebirges. Andere jungpaläolithische Kulturen als Nachfolger der Aurignacien, wie die als *La Madeleine* und *Solutréen* bezeichneten Funde in französischen Höhlen, erbrachten keine Skelettfunde, sondern nur Reste verbesserter Werkzeuge.

Die als letzte jungpaläolithische Gattungen bekannten Aurignacien und Cro Magnons hatten sich etwa 30 000 v. Chr. herangebildet und lebten rund 15 000 Jahre, also etwa bis 15 000 v. Chr. Der Übergang vom Paläolithikum zum Neolithikum fand etwa um das 12./10. Jahrtausend v. Chr. statt. Es wären demnach also nur maximal 5000 Jahre für so eine gravierende Entwicklung vom altsteinzeitlichen zum rezenten Menschenbild von heute verblieben. Dass sich die unterschiedlichen Merkmale beider Menschentypen in so kurzer Zeit verändert haben könnten, ist nicht anzunehmen. Nirgendwo ließen sich bis heute Nachweise einer Nachfolgegattung finden, die den Übergang vom altsteinzeitlichen Menschenbild zum Erscheinungsbild des Menschen von heute bestätigen könnten.

Über die Frage nach der Abstammung des Menschen

(Roland Roth)

Es war im Sommer 1997 Thema in allen Medien: Der Neandertaler sei nicht Urahn des modernen Menschen, sondern eher eine Art entfernter Vetter. Das haben neue, raffinierte Gen-Untersuchungen gezeigt. Dennoch streiten sich die Archäologen und Anthropologen weiter über die verschiedenen Theorien der Abstammung.

Am 27. Juni 1997 wurde ein 3,5 Gramm schweres Knochenstück aus dem Oberarm des gut erhaltenen Skeletts des 1856 in einer Höhle entdeckten berühmtesten aller Neandertalerfunde gesägt. Ziel war es, den Neandertalerüberresten, die im Rheinischen Landesmuseum in Bonn aufbewahrt werden, mit gentechnischer Analyse auf den Pelz zu rücken.

So konnten nach dem Pulverisieren des Knochenstücks 379 Bausteine des fossilen Erbguts entziffert werden. Ergebnis war, dass der Neandertaler eine eigene Art darstellt.

Offenbar ist die Entwicklung dieser Hominiden ohne genetische

Vermischung parallel neben dem modernen Menschen verlaufen, bis die Spezies vor rund 30 000 Jahren ausstarb. Doch in den Reihen der Archäologen und Anthropologen wurden skeptische Stimmen laut. Man glaubt nicht, dass ein Experiment dieser Art alle Erkenntnisse der Skelettmorphologie sowie anderer archäologischer Funde über den Haufen werfen könnte. Immerhin hatte man gerade in einigen Regionen Europas nachweislich Übergangsformen zwischen beiden Urmenschen zutage gefördert.

Dies wäre ein Beweis, dass der Neandertaler zumindest Teil des Genpools war, wobei jedoch nicht zu vergessen wäre, dass sich alle heutigen Menschenrassen wie die Pygmäen oder die Zulu in Afrika genetisch weit näher stehen als dem Neandertaler. Interessanterweise könnte sich dann auch die »Out of Africa«-Theorie bestätigen, die besagt, dass die Wiege des modernen Menschen vor rund 150 000 Jahren in Afrika gelegen haben soll. Von dort soll der Homo sapiens vor rund 100 000 Jahren seinen Siegeszug um den Globus begonnen haben. Als er vor 40 000 Jahren in Europa ankam, bedeutete dies das Aus für den Neandertaler, obwohl dieser eine der unseren vergleichbare Intelligenz besaß und sogar über Sprache verfügte.

Ausgeschlossen wird hier nicht, dass ein Austausch von Genen stattgefunden haben kann, was kurzzeitig für eine Verwirrung im Genpool des Homo sapiens sorgte, der Neandertaler also folglich nicht in diesem Sinne ausstarb, sondern sich der überlegenen Spezies anpasste und mit ihr »verschmolz«.

In diesem Zusammenhang verstärkt sich auch die Paläo-Seti-Hypothese. In der prä-astronautischen Forschung geht man u. a. davon aus, dass der moderne Mensch eine künstliche Mutation einer außerirdischen Intelligenz ist. Dies begründet sich mitunter besonders in der Problematik der Abstammung. Wie soll die künstliche Mutation vonstatten gegangen sein?

Zunächst wäre die Erklärung recht einfach, in unserer modernen Welt in Hinsicht auf gentechnisch erzeugte Produkte, Nahrungsmittel und Lebewesen geradezu simpel. Fremde Besucher entnahmen einem Hominiden-Exemplar den genetischen Code, veränderten ihn und mischten womöglich eigene, »fremde« Gene hinzu. Das Produkt war ein Wesen mit einer höheren Intelligenz, einer besseren Auffassungsgabe und besaß Fähigkeiten zur Begriffsbildung, künstlerischen und technischen Aktivitäten. Nur eine Theorie?

In der Paläo-Seti-Forschung weist man auf die Belege hin, die uns in der Genesis überliefert sind. Dort heißt es unmissverständlich: »Lasset uns Menschen machen, nach unserem Ebenbilde!« Querverweise zu den sumerischen Überlieferungen können uns weitere Informationen geben. Hier waren es die Annunaki, die keine primitive Arbeit mehr vollziehen mochten, so schlug der oberste Gott Anu vor, einen »Lulu«, einen menschlichen, sterblichen Sklaven zu erschaffen (siehe Anhang, Die Lullubäer).

Nun gab es auf der Erde bereits solche Wesen, primitiv, doch mit proto-intelligenten Zügen, die dem Menschenaffen überlegen waren. Das wussten auch die Götter, als der Gott Enki sprach: »Das Wesen, das ihr sucht, existiert bereits!« Ob es sich hierbei um den Homo erectus gehandelt haben könnte?

Die Götter mussten also nur noch einige Verfeinerungen, sprich »Veredelungen«, vornehmen, damit der primitive Hominide den Ansprüchen gerecht wurde.

Es wurde experimentiert, fehlerhafte Produkte wurden wieder vernichtet, um der ungestörten Entwicklung des »Lulu« freien Lauf zu lassen.

Hier dürften die Überlegungen greifen, die sich in das Bild des Neandertalers einfügen. War der Neandertaler ein Produkt der Experimentatoren, das den Anforderungen nicht Genüge tat? Wenn es so war, dann hatten ihn die »Götter« aus einer fremden Welt von der Bildfläche radiert, um Platz für ihre eigentliche Kreation, den Homo sapiens, zu schaffen. Damit war das traurige und auch recht kurze Schicksal des Neandertalers besiegelt.

Eine andere Interpretation fügt sich ebenfalls sehr gut in die bestehenden Fakten ein. War der Neandertaler die eigentliche Spezies mit »Hausrecht«? War er die ursprüngliche, natürliche, evolutionäre Entwicklung, die künstlich unterbrochen wurde? Dieses hatte folglich die Konsequenz, dass bei einer künstlichen Mutation, einer Sprunghilfe über die Hürden der evolutionären Pubertät, die überlebensfähigere Spezies das Sagen hatte. Der Neandertaler vermischte sich alsdann mit der »veredelten« Homo-sapiens-Gruppe und verschwand folglich von der Bildfläche – nicht ohne sich mit einem rätselhaften Fingerzeig im Stammbaum zu verewigen.

Auffallend ist hier, dass der Homo neandertalensis im Gegensatz zu seinen Hominiden-Vorfahren wie dem Homo habilis oder dem Homo erectus eine mir recht kurz erscheinende Zeitspanne für seine Fortentwicklung zur Verfügung hatte. Er tauchte vor ungefähr 350 000 Jahren auf und besaß weit mehr Erfahrung als seine Vorgänger, konnte diverse Knochen- und Holzwaffen herstellen und lebte in größeren, stärkeren Gruppen. Vor ca. 40 000 Jahren endete bereits sein Weg. Es scheint fast so, als hätte der Neandertaler lediglich noch eine gewisse Zeitspanne benötigt – vielleicht eine Million Jahre, vielleicht weniger –, um »seine« Evolution zum modernen Menschen, zum Homo sapiens, zu vollenden. Man wird das Gefühl nicht los, dass ihm hier »irgendjemand« in die Quere kam, und das war der vor 40 000 Jahren auftauchende Cro-Magnon-Mensch bzw. der Homo sapiens, erschaffen und geleitet von einer fremden Intelligenz. Wurde der Homo sapiens abgespalten von der Urmenschengruppe und in eine neue – schnellere – Richtung gelenkt, so wie die »Fremden« es für nötig hielten?

Letztendlich mag kaum ein glorreiches Gefühl aufkommen, wenn man bedenkt, lediglich ein Produkt darzustellen, mit irdischen und »überirdischen« Genen. Doch womöglich gibt es etwas Trost, dass unsere Weiterentwicklung durch die künstliche Mutation erheblich beschleunigt wurde. Vielleicht wäre der Mensch heute noch ein Höhlenbewohner, der mit wachsendem Verstand, bemerkenswert geschaffenen Felsbildern und einer unstillbaren Gier nach Wissen einer vielversprechenden Kultur entgegenblickt, die sich trotz allem in uns widerspiegelt ...

Nach diesem Ausflug in den Bereich der Möglichkeiten komme ich mit dem nächsten Kapitel zu einem der ältesten Kulturvölker des alten Orients, dem Volk der Elamiter, das einstmals im Königreich von Elam seine Heimat hatte.

Der deutsche Archäologe und Orientalist Ernst Herzfeld (1879–1948), der eigentliche Begründer der iranischen Archäologie, drückte gemeinsam mit dem britischen Anthropologen Sir Arthur Keith (1866–1955) in ihrem Buch „Iran as a prehistoric center" (Iran als ein vorgeschichtliches Zentrum) die feste Überzeugung aus, dass Iran als Ausgangspunkt der kulturellen Entwicklung besonders für die europäische Zivilisation von zentraler Bedeutung war.

Kapitel VI

Das geheimnisvolle Reich von Elam

Das historische Reich von Elam – neben Babylon, den Hethitern, Medern und Persern – ist heute kaum jemandem bekannt, und doch besaßen die Elamer unter den Völkern des alten vorderen Orients eine mehr als zweitausend Jahre umspannende Geschichte und eine sehr merkwürdige Kultur.

Abb. 3

Ein Meisterwerk elamischer Kleinkunst. Von den Figuren der beiden Bildreihen ist im Zweistromland einzig das Motiv der auf Tieren sitzenden Gottheiten bezeugt. Alles Übrige ist unverfälscht elamische Phantasie und Geistesgut; der Halbmond mit Stern, der Skorpion mit Menschenkopf, der Stiermensch und natürlich der Greif. Was in den Siegelbildern des vierten Jahrtausends noch als spielerische Ausgeburt grüblerischer Vorstellungskraft gelten mochte, erscheint im dritten Jahrtausend in Form und Regel überführt und auf die Ebene des Kosmischen gehoben. Sicher könnte uns dieses reizvolle Rollsiegel tiefe Einsichten in das Weltbild der Elamer eröffnen – besäßen wir nur den Schlüssel zu seiner Geheimsprache. Doch die Elamer wären keine Elamer gewesen, hätten sie uns in schriftlichen Zeugnissen diesen Schlüssel hinterlassen.

Die Geschichte Elams kann bisher nur lückenhaft und nur für bestimmte Phasen vor allem aus (mesopotamischen, sumerischen, akkadischen, assyrischen und babylonischen) Quellen erschlossen werden.

Elam ist der aus dem Akkadischen stammende und in der Bibel verwendete Name des Landes, die Eigenbezeichnung war vielleicht *haltampt* (oder – mit nasaliertem »m« – haltamt), was ungefähr so viel wie »Land des Herrn« oder »Gottesland« bedeutet. Die Lagebeschreibung des biblischen Paradieses im Sinne des Garten Eden deutet möglicherweise auf die Region Elam hin. Hauptsiedlungsgebiet der Elamer war das Flachland im Südwesten des heutigen Iran, welches im Wesentlichen die heutigen Provinzen Khusestan und Lorestan umfasste. Zum weiteren Gebiet des alten Elam gehörte aber auch das Bergland von Anzan (Anschan) im Osten, was ungefähr der heutigen Provinz Fars entspricht.

Schon im 6. Jahrtausend v. Chr. war das Flachland von Ackerbauern bevölkert. Die Stadt Susa wurde sehr früh, um 4000 v. Chr., gegründet und sollte sich später einmal zum wirtschaftlichen und kulturellen Zentrum des Landes entwickeln.

Verständlich wird die Geschichte Elams nur, wenn man sich ständig ihren Grundzug vor Augen hält – die Verbindung von Flachland und Gebirge. Die Verbindung zwischen dem fruchtbaren, reich bewässerten Acker- und Gartenland der Susiana, die holz- und erzreichen Hochtäler und Bergketten waren Voraussetzung und Grundlage für die Entwicklung einer eigenständigen Geschichte und Kultur Elams.

Hierin lag auch seine Bevorzugung gegenüber seinen Nachbarn. Diese waren zur Entfaltung höherer Kultur auf die Güter des elamischen Hochlandes angewiesen. Von dort bezogen die Sumerer und Babylonier über Handelspfade ihr Bauholz, ihre Erze (Kupfer, Blei, Zinn und Silber), ihre Steine (Basalt, Marmor, Diorit, Alabaster, Argonit, Obsidian), ihre Halbedelsteine (Karneol, Hämatit, Lasurstein) und nicht zuletzt auch ihre Pferde. Die reichlich vorhandenen Rohstoffquellen waren so in der Hand der Elamer.

Nach allgemeiner Überzeugung begann die zivilisatorische Entwicklung in den Tälern der gebirgigen Landschaft von Elam. Man kann also voraussetzen, dass die Elamer als Erste die Voraussetzungen für das Entstehen fester Wohnsitze, den Anbau erster Getreidesorten, die Domestizierung von Wildtieren sowie die Fertigkeiten zur Erzeugung von Keramik kannten.

Schon in frühester Zeit bestanden hier kleine Fürstentümer oder Stadtstaaten mit einem König oder einer Königin an der Spitze. Mit ihren schon früh in Elam erworbenen Kenntnissen gelang es ihnen ohne Mühe und ohne Kampf, die noch in primitiver altsteinzeitlicher Entwicklung angetroffene Bevölkerung in einen ersten hierarchisch strukturierten Stadtstaat einzubinden.

Was mögen die Elamer für Menschen gewesen sein? Fest steht, dass sie ihren Nachbarn im Zweistromland zutiefst unheimlich waren. Für diese war Elam das Land der Hexen, Zauberer und bösen Geister, obschon sich die Elamer in vereinzelten heimischen Urkunden auch in anderem Lichte zeigen. Diese stellen vor allem ihrem Familiensinn ein erfreuliches Zeugnis aus.

Abb. 4

Kopf eines Elamers aus Susa (Louvre)

Die Elamer waren nun einmal kein Volk wie viele andere. Sie besaßen etwas Unergründliches, das ihr Wesen schwer durchschaubar macht. So war den Elamern eine überaus rege Phantasie zu eigen, die in der Steinschneidekunst die seltsamsten Fabelwesen hervorbrachte.

Auf der anderen Seite wirkt der elamische Charakter düster-trocken, beharrlich, auf das greifbar Tatsächliche gerichtet, alles Überflüssige verabscheuend.

Die Religion der Elamer und ihre Götterwelt sowie die von ihnen geweihten Glaubensformen spielten die alles beherrschende Rolle in ihrem Leben. Ihre Religion trägt manche Züge, die sie mit der benachbarten Mesopotamiens verbindet. Doch im Wesentlichen ist die Religion Elams etwas unverwischbar Besonderes, Eigenständiges, das eine außerordentliche Bevorzugung und Hochschätzung, in magischen Urgründen verwurzelte Verehrung des »ewig Weiblichen« beinhaltet.

Die Schlange war ein Leitmotiv elamischer Kultur. Schon auf der Keramik des vierten und dritten Jahrtausends wimmelt es förmlich von Schlangen. Als Sinnbild abwehrenden Schutzes erscheinen sie auf Krugverschlüssen und Gefäßdeckeln. Schlangen bäumen sich als Torhüter empor, ranken sich über Herrschaftsreliefs, winden sich um Altarplatten oder bilden den Griff von Weihegeschenken. Zur Spule aufgerollt, dienen sie der Gottheit als Thronsitz.

Seit alters her ist in Elam auch das Motiv der Schlange am Lebensbaum bezeugt. Das elamische Fruchtbarkeitssymbol zweier sich paarender Schlangen ist bis nach Ägypten gedrungen. Schlangen mit Menschenköpfen erweisen eine Vergöttlichung dieses Reptils, wie sie in dieser Weise im alten Zweistromland unbekannt war.

Abb. 5

Vase mit Schlange aus der Schicht Susa A (Louvre)

An dieser Stelle möchte ich auf einen Artikel im Magazin »Spiegel« (33/1991) mit dem Titel »Die Schwelle zur Zivilisation« aufmerksam machen. Der Archäologe Prof. Hauptmann von der Universität Heidelberg hatte in Anatolien/Türkei einen geheimnisvollen Ort mit dem kurdischen Flurnamen NEVALI CORI entdeckt. In dem Artikel heißt es:

»Nevali Cori ist einer der ältesten Orte, die bisher auf der Welt gefunden wurden. Er stammt aus dem achten Jahrtausend v. Chr., einer Epoche, in der die letzte Eiszeit noch nicht sehr weit zurücklag. Hauptmann hat hier eine Art Bewusstseinsinsel vorgefunden, gegründet vor dem Anfang der geschriebenen Geschichte – lange vor den Hochkulturen Mesopotamiens oder am Indus, 5000 Jahre älter als die Anfänge des pharaonischen Zeitalters in Ägypten.

Nevali Cori stellt die Frage nach dem ersten göttlichen Wesen, das Menschen sich erwählt und personifiziert haben. In einer Art Kultnische oder Opfernische stand eine überlebensgroße Skulptur, aus hellem Kalkstein modelliert. Es handelt sich bei ihr um eine Sensation, welche die Religionswissenschaftler alarmiert hat, um die erste Darstellung einer Gottheit. Hauptmann und seine Kollegen haben Vergleichbares noch nie gesehen: Der Schädel aus der Opfernische ist kahl rasiert, hat abstehende Ohren und ein Schlangenhaar-Relief am Hinterkopf.

Der deutsche Religionsforscher Hubertus Mynarek vermutet, dass in Nevali Cori ein steinzeitlicher Geschlechterkampf entschieden wurde: Bis dahin habe die weibliche Erbfolge gegolten und damit das Matriarchat, die Vorrangstellung der Frau. In Nevali Cori dagegen herrschten die Männer. Mynarek: ›Das zeigt der gestalthafte Gott – ein Mann.‹

Hauptmann nimmt an, Nevali Cori sei das Zentrum einer größeren Stammesgruppe gewesen und von einer elitären Gruppe, einer Art höherer Priesterschaft, regiert worden. Ihr heiligster Bezirk, der Tempel, habe vom Volk nicht betreten werden dürfen. Hauptmann:

›Es konnte sich womöglich draußen aufstellen und musste warten.‹
Aber worauf?«

Das Schlangenrelief am Hinterkopf dieses Gottes in Nevali Cori lässt vermuten, dass die dortigen Bewohner mit den Elamern in enger, vermutlich sogar verwandtschaftlicher Beziehung standen.

Zurück ins Reich Elam. An dessen Spitze stand – und das ist für Elam kennzeichnend – eine Göttin. Für die frühen Völker waren die Götter keine abstrakten, sondern greifbare, lebendige Wesen von übernatürlicher Schönheit, Intelligenz und übersinnlichen Kräften.

Dass die Götter außerirdischer Herkunft waren, war für die Menschen jener Zeit selbstverständlich.

Bereits bei ihrem ersten Eintritt in den Lichtkreis der Geschichte erscheint ihre Götterwelt in festgefügter Ordnung, was wiederum erweist, dass jene Götterwelt damals, im 23. Jahrhundert v. Chr., schon uralt war.

Der Dienst für die Götter und die Sorge für die verstorbenen Ahnen war ihre wichtigste Aufgabe.

»*Hat doch die Gottheit alles zu eigen gegeben.*«
»*Höret, Göttin Pinenkir und ihr guten Götter des Himmels!*«

Den Elamern war die Göttin Pinenkir eine fluchmächtige »Himmels-gebieterin«. Ihr Name kommt häufig in Eigennamen vor. So hieß eine Tochter des berühmtesten elamischen Königs – Shilhak Inshushinak – Utu-e-hihh Pinenkir, was wahrscheinlich bedeutet: »Ihren Schoß habe ich der Pinenkir geweiht.« Die Mesopotamier sahen in der Pinenkir eine Art Ishtar (biblisch: Astarte). Sie war sichtlich eine »Große Göt-termutter« der Elamer.

Es gab aber auch noch andere Göttinnen. In den alten Zeiten hatte jede Großlandschaft Elams eine eigene Göttermutter: Die Susiana hatte ihre Pinenkir, am Persischen Golf wohnte die Kiririsha und in der Corbiana, in der alten Stadt Corbiene, befand sich vermutlich der Sitz der Priesterfürstin Kore und die Wohnstätten der Korybanten.

Seltsamerweise störten sich die Elamiter nicht im Geringsten an dop-pelten und dreifachen Göttermüttern. Wohl setzte sich die Kiririsha im zweiten Jahrtausend v. Chr. in ganz Elam durch, aber neben ihr blieb die eingesessene Göttermutter ruhig bestehen. Noch im dritten Jahrtausend hatten diese Göttermütter unangefochten an der Spitze des elamischen Pantheons (Tempel der Gesamtheit der Götter eines Volkes) gestanden. Im Verlauf des zweiten Jahrtausends aber trat ein Wandel ein, indem das Mutterrecht einer allmählichen Vorrangstel-lung des Mannes weichen musste. Ein entsprechender Wandel vollzog sich auch im Götterkreis. Widerstrebend traten die Göttermütter den obersten Platz an eine männliche Gottheit ab. Doch aus der Spit-zengruppe des elamischen Pantheons wurden sie nie verdrängt. Im Herzen des einfachen Volkes behielt die »Mutter-Gottheit« allezeit ihre Vorzugsstellung.

Nach der Überlieferung waren in Elam nicht nur der König, sondern auch alle anderen Mitglieder des Königshauses göttlicher Abstam-mung und Herkunft. Der in alten elamischen Dokumenten festge-haltene Hinweis auf ihre göttliche Abstammung dokumentiert ihren gottgewollten Führungsanspruch, den das Königshaus von Anfang an innehatte.

Das Kunstschaffen der Elamer

Abb. 7

Bei Ausgrabungen in Susa fanden Archäologen in einer 20 Meter tiefen, unter der Erde liegenden Schicht unvorstellbar schöne Keramikgegenstände: gut erhaltene Vasen, bemalte Schalen und Becher. Das Besondere, Unverwechselbare dieser Funde aus Susa (Susa-A-Keramik) besteht nicht allein in Stoff und Form der Gefäße, sondern vor allem in ihrem figürlichen Schmuck. Die Schöpfer dieser Vasen legten bei der Bemalung eine Begabung an den Tag, welche nach vielen Jahrtausenden gerade den heutigen Menschen anzusprechen vermag, nämlich die Fähigkeit, etwas zugleich gegenständlich und abstrakt darzustellen. Auf diesen Gefäßen finden sich Tierfiguren, die höchst lebendig und lebenstreu wiedergegeben und dabei vollkommen stilisiert sind. Den Elamern gelang es also, im Grunde Unvereinbares überraschend zu vereinen.

Gefunden wurden auch Gebrauchsgegenstände aus Kupfer, die auf die Gewinnung und Verarbeitung, also auf perfekte Kenntnisse der Metallurgie in einer Zeit schließen lassen, als Europa sich noch im Stadium der Wildbeuterei und des Wurzel- und Früchtesammelns befand.

Abb. 8

Das elamische Kunstschaffen ist uns vornehmlich in Schöpfungen der Siegelschneider überliefert. Sie perfektionierten das Erbe, das ihnen die Meister ihrer Vorfahren hinterlassen hatten. Die überaus rege Vorstellungskraft jener frühen Elamer und ihre ausgeprägte Phantasie brüteten über seelischen Abgründen, von der Nachtseite der Natur unwiderstehlich angezogen. Sie zeugte mit Vorliebe fabelhafte Mischwesen und absonderliche Ungeheuer. Während sich die Elamer selbst vor den ihrer Phantasie entsprungenen Schauerwesen gruselten, machten sie sich gleichzeitig auch über sie lustig.

Abb. 9

Der Greif ist ein Mischwesen, ein geflügelter Löwe, dessen Kopf und krallenbewehrte Vorderfüße von einem Raubvogel stammen. Der Greif ist ein echtes Geschöpf Elams. Er drang, in Mesopotamien unbekannt, als Motiv bis nach Ägypten.

Die Sprache der Elamer

Die elamische oder elamitische Sprache ist die ausgestorbene Sprache der Elamer, dieses altorientalischen Volkes im Südwesten des heutigen Iran. Elamische Texte stammen aus der Zeit zwischen 2400 und 350 v. Chr. Das Elamische ist mit keiner anderen bekannten altorientalischen Sprache verwandt. Es gehört weder zu den semitischen Sprachen (wie z. B. das Akkadische) noch zu den indogermanischen Sprachen (wie z. B. das Hethitische oder das Altpersische); auch mit dem benachbarten Sumerischen ist es mit Sicherheit nicht verwandt. Die meisten Forscher halten das Elamische für eine isolierte Sprache, einige sehen aber genetische Beziehungen zu den drawidischen Sprachen des indischen Subkontinents.

Bei ihren Nachbarn, den Babyloniern und Assyrern, die elamische Eigennamen und Fachausdrücke der Elamer wiedergaben, überwog der Eindruck, bei ihnen weiche Konsonanten zu hören. Die Elamer haben also »gesächselt«, wie Prof. Dr. Walter Hinz scherzhaft meinte.

Als um 3000 v. Chr. die Sumerer aus Gründen besserer Buchführung eine Bilderschrift erfanden, blieb diese Neuerung im benachbarten Elam nicht lange verborgen. Bei aller Verschiedenheit im Einzelnen ist doch zu erkennen, dass die elamische Bilderschrift vom sumerischen Vorbild angeregt wurde. Man erkennt auf den Täfelchen Tiere, Krüge, Vasen und andere Gegenstände.

Die Überlieferung elamischer Texte erfolgte in drei unterschiedlichen Schriftsystemen, von denen zwei auf mesopotamische Schriftformen zurückgehen, während die dritte (die »Strichschrift«) eine elamische Eigenentwicklung ist.

Die ungewöhnliche Vitalität der elamischen Sprache, so Ephraim Speiser, wird durch die Tatsache bestätigt, dass sie mindestens viertausend Jahre in Gebrauch war. Um 3000 v. Chr. entwickelte sich in Elam parallel zur etwas älteren Schrifterfindung der Sumerer eine eigene Wortzeichenschrift, die sich im dritten Jahrtausend v. Chr. zur sogenannten proto-elamischen Strichschrift weiterentwickelte.

Cameron sagt: »Unsere Susa-Dokumente sind wie die aus Zentral-Iran in einer Schrift geschrieben, die allgemein als »proto (= vor-) elamisch« [bezeichnet wird] und vergleichbar nur in der Form [ist], die mit der von Babylon in etwa übereinstimmt.«

Die Elamer beachteten kaum den Unterschied zwischen stimmhaften und stimmlosen Konsonanten. Sie wurden beispielsweise beliebig zwischen »b«, »p« und »d« oder »tg« und »k« wie auch zwischen »z« und »s« ausgetauscht. Individuelle Vokale wurden gelegentlich in der Gebrauchssprache »nasal« (siehe Hinz) gesprochen, aber im geschriebenen Wort bei »m«, »n« oder »ng« weggelassen.

Die elamische Sprache, auch Elamitisch genannt, die mit keiner anderen Sprache des alten Orients verwandt ist, war eine der offiziellen Sprachen des Perserreiches. Der Perserkönig Dareios I. ließ fast alle Inschriften dreisprachig verfassen: auf Altpersisch, Elamisch und Babylonisch.

Die Wissenschaft von der elamischen Sprache, Kultur und Geschichte heißt Elamistik.

Die Elamer völkerkundlich einzuordnen bereitet Schwierigkeiten.

Je mehr man sich in die Quellenbelege vertieft, umso mehr gewinnt man den Eindruck, dass die Elamer ein spezielles Volk waren. Eine Verwandtschaft mit anderen Völkern hat sich bisher nicht erweisen lassen. Wahrscheinlich ist, dass die Elamer vieles mit den im Nordwesten angrenzenden Bergstämmen der Lullubi (s. Anhang) und anderen sogenannten Su-Leuten gemein hatten.

Als vor 500 v. Chr. Dareios I. die Pfalz in Susa mit Keramikflachbildern seiner Leibgarde verzieren ließ, unterschied der Künstler in seiner Darstellung drei Typen: weißhäutig, braunhäutig und dunkelhäutig, fast schwarz.

Außer dem hochentwickelten Ackerbau, der um 3000 v. Chr. schon mit dem Pflug betrieben wurde, wie Siegelbilder beweisen, sind etliche Zweige der Wirtschaft festgehalten und bezeugen, dass hier Jäger und Fischer ihre reichlichen Jagdgründe fanden. Nomaden hüteten ihre Ziegen-, Schaf-, Rinder- und etwas später Pferdeherden. Die Elamer wurden durch ihre Pferdezucht und die Verwendung dieser Tiere in der alten Welt berühmt.

Abb. 10

Der elamische Jäger. Er ist nur mit einem Lendenschurz bekleidet oder ganz nackt. Seine Waffen sind Pfeil und Bogen, Spieß oder Querbeil. Begleitet von seinen Hunden, jagt der Elamer Rotwild, Antilopen, Wildschweine oder gar Raubkatzen.

Abb. 11

Auch Frauen sind in der Landwirtschaft tätig. Man sieht sie, mit weit ausladenden Hemden bekleidet, bei der Arbeit in der Dattelpalmen-Pflanzung.

Sehr wahrscheinlich hat es jahrhundertelanger Anstrengungen bedurft, die Bewohner der Susiana mit den vorwiegend nomadischen Hirtenvölkern der anzanischen Berglande zu einem elamischen Staatsvolk zusammenzuschweißen. Auch hat es den Anschein, als sei eine solche politische Einigung nur mächtigen Herrschaftsgeschlechtern gelungen. Fehlte es an solchen, dann sanken die Großlandschaften Elams bald wieder in ihre ursprüngliche Vereinzelung zurück.

Daher ist der elamische Staat seinem Aufbau nach zu allen Zeiten ein Bundesstaat gewesen. Um die so verschieden gearteten Gebiete des Gesamtbereiches zusammenzuhalten, trachteten die Könige als Oberherren danach, die Teilfürsten durch Bande der Blutsverwandtschaft an sich zu fesseln. Das Ergebnis war ein Staatswesen, das auf höchst seltsame, verwickelte und nirgends sonst zu beobachtende Weise gegliedert war. Die für diese Aufgabe geschicktesten Herrscherhäuser scheinen übrigens alle dem Hochland zu entstammen, nicht der Susiana, obwohl Susa schon früh zur Reichshauptstadt aufgestiegen war.

Über die Beziehungen, die Elam zu seinen Nachbarn auf dem Hochland von Iran unterhielt, wissen wir nur wenig. Manchen Anzeichen ist aber zu entnehmen, dass rege Handelsbeziehungen bestanden, also überwiegend friedliche Zustände herrschten.

Die mit Bedacht klein gehaltenen Fürstentümer sollten sich als der richtige Weg erweisen, die Unwägbarkeiten der Zeit unbeschadet zu überstehen. Militärisch waren diese Staatengebilde bedeutungslos. Sie unterhielten keine Armeen und wichen am liebsten kriegerischen Auseinandersetzungen mit anderen aus. Wenn es nicht vermeidbar war, bedienten sie sich außerhalb ihres Staates lebender, meist wilder Stämme, die sie auf Grund ihres erworbenen Wohlstandes anwerben konnten.

Wahrscheinlich blieben sie deshalb lange Zeit weitestgehend von den Machtkämpfen und Ansprüchen der sich später bildenden Großreiche verschont und konnten überleben. Das ungeschriebene Gesetz, nicht mit Gewalt ihr Gebiet auszudehnen, wurde von Sir Percy Sykes in seiner »History of Persia« erwähnt:

»Elam, obwohl ein unabhängiges und mächtiges Königreich, strebte niemals ernstlich danach, die bekannte Welt zu beherrschen, so wie es seine Rivalen taten.«

Das System der kleinen Territorialstaaten stützte sich auf ein hierarchisch geordnetes System mit einem König an der Spitze, einer sich aus nicht erbberechtigten Prinzen entwickelnden Oberschicht und schließlich dem dienenden Volk. Der soziale Aspekt manifestierte sich in der Aufgabe und Pflicht des Königs, für das Wohlergehen aller Stände zu sorgen.

Durch ihre hochqualifizierte Führungsschicht nahmen die Elamer politischen, wirtschaftlichen, vor allem aber kulturellen Einfluss auf ihre Nachbarländer. Die religiöse Verehrung der Göttermutter und die überkommenen Kultbräuche der Elamer spielten eine unterstützende Rolle für die Erhaltung des Unterschiedes zwischen den Ständen. Der König als oberster Priester wachte sorgfältigst über die Bewahrung der in Jahrtausenden gewachsenen und bewährten Inhalte ihrer religiösen Tradition.

Nach alten Berichten von Strabo, Herodot, Plinius und Polybios lebten in den fruchtbaren Tälern im Zagrosgebirge und um die Stadt CORBIENE, dem heutigen KHORREMABAD, die Stämme der KORYBANTEN oder, wie Herodot sie nannte, die Ortho-KORY-BANTHEN.

Heute ist KHORREMABAD (früher CORBIENE) Hauptstadt des iranischen Verwaltungsgebietes Lorestan im nördlichen Zagros- und Kuhrudgebirge. Das Zagrosgebirge zieht sich von Norden nach Süden an der gesamten Westgrenze des heutigen Staates Iran entlang.

Im »Reallexikon der Vorgeschichte« des Prähistorikers Max Ebert findet sich folgender Eintrag:

»Wann das der weißhäutigen kaukasischen Rasse angehörende elamische Volk aus der Gegend des Kaukasus, den Längstälern des Zagrosgebirges folgend, in seine Wohnsitze gelangte, ist unbekannt. Doch müsste diese Wanderung in eine sehr frühe Zeit fallen.«

Um festzustellen, wann das etwa gewesen sein könnte, verglich der Leiter einer französischen Mission, Jacques Jean Marie de Morgan, die vordynastische Keramik Ägyptens mit der Keramik, die man in Susa fand, und kam zu dem Ergebnis, dass beide mindestens 8000 Jahre alt waren.

Elam ist die Wiege nicht zuletzt auch der europäischen Zivilisation. Der hohe geistige Entwicklungsstand der Elamer ist bemerkenswert. Die Tatsache, dass sie ein beinahe unbekanntes Volk aus vorgeschichtlicher Zeit waren, sowie ihre besonderen Merkmale und Fähigkeiten werfen die Frage auf, woher sie diese frühen Erkenntnisse im Vergleich zu den dort wohnenden, noch im altsteinzeitlichen Habitus lebenden Höhlenbewohnern bezogen haben.

Der Name *Elamer* oder *Elamiter* wird heute von der Wissenschaft allgemein für das Volk verwendet, das aus dem Kaukasus in eines der Längstäler des Zagrosgebirges zog. Da der Name Elam aber erst mit dem Aufkommen der Schrift bekannt wurde, nennt man generell die Vorfahren der Elamer oder Elamiter *Proto-Elamiter* (griech. »proto« =

»vor«). Ein Teil der Literatur spricht also von den Proto-Elamitern als denjenigen, die die Zagrostäler bevölkerten.

Zusammenfassend ist festzustellen, dass die Existenz proto-elamischer Städte (wahrscheinlich schon sogenannte Stadtstaaten) Jahrtausende vor der Zeit Elams (2760 v. Chr.) im unteren südlichen Mesopotamien für eine Zeit enthüllt wurde, die man als »vorhistorische Zeit« bezeichnet. Das Reich von Elam wurde erst durch eine Nachricht über Kämpfe mit den Sumerern bekannt.

Nachdem Elam durch Eroberung und Unterwerfung Babylons selbst Großmacht geworden war, erlebte es wie alle anderen schließlich seinen unausweichlichen Niedergang und das Verschwinden seiner politischen Bedeutung – ein Schicksal, dem letztlich alle Großreiche unterlagen.

Zur Zeit der persischen Achämenidenkönige wurde die elamische Sprache als Amtssprache verwendet.

Mit der Eroberung Elams durch die Assyrer im Jahre 646 v. Chr. war der Untergang des Reiches Elam endgültig besiegelt.

Walter Hinz schreibt in seinem Buch »Das Reich Elam«, dass der König der Assyrer, Assurbanipal, seinen Erfolg mit folgenden Worten feierte:

»Ich eroberte Susa, die große heilige Stadt, den Wohnsitz der Götter meiner Feinde. Ich zog in ihre Paläste ein und weilte dort in Wohlbehagen. Ich öffnete die Schatzkammern, in denen Silber und Gold, Reichtümer und Kostbarkeiten aufgehäuft waren.«

Hinz kommentiert:

»Der Sieger zählte die Schätze sowie seine ganze riesenhafte Beute im Einzelnen auf: die Gewänder, Schmuckstücke, Königsabzeichen, Waffen, die Möbel der Paläste, das Geschirr, die Prunk- und Streitwagen mit ihrem Schmuck aus Gold und Elektron, die Pferde, Maultiere mit ihrem goldenen und silbernen Zaumzeug; all das schleppte er nach Assyrien fort.«

Anschließend ließ Assurbanipal die Tempel und heiligen Haine in Susa zerstören und die Gräber der elamischen Könige schänden. Er verwandelte das Land in eine Wüstenei. Auf seinen Fluren säte er Salz und Disteln. Die Töchter und Gattinnen der Könige Elams, aus alter und neuer Sippe, die Stadtvögte, die Befehlshaber, das ganze Offizierskorps einschließlich der Techniker, die ganzen Bewohner, gleich ob Mann oder Frau, groß oder klein, Pferde, Maultiere, Esel, das Groß- und Kleinvieh, das alles führte er als Beute nach Assyrien.

In der Bibel (Esra 4, 9–10) heißt es, Assurbanipal habe »Susier und Elamer« sogar zwangsweise nach Samarien in Palästina umgesiedelt.

Für den griechischen Historiker Herodot wurde Kyros II. durch seine religiöse und kulturelle Toleranz den eroberten Völkern gegenüber zum Vorbild des klugen Herrschers. Die Deklaration des Kyros zu Babylon von 539 v. Chr. wird als die erste Charta der Menschenrechte betrachtet; 1971 wurde sie durch die Vereinten Nationen in allen offiziellen UNO-Sprachen veröffentlicht.

Michael Rostovtzeff stellte in seiner »Geschichte der Alten Welt« (deutsch von Hans Heinrich Schaeder, Leipzig 1941, I, 131/2) fest, selbst der persische König Cyrus der Große habe Kultur und Fähigkeit zur politischen Entwicklung aus der Quelle Elams geschöpft.

Auf jeden Fall hat sich das elamische Kulturerbe in der Geistesgeschichte Irans tiefgreifend ausgewirkt, ja, es hallt in feinsten Verästelungen noch heute nach. Wer an der Geschichte und Kultur der Alten Welt Anteil nimmt, wird immer wieder von dem einzigartigen und rätselhaften Volk der Elamer gefesselt sein. Das Reich von Elam wird dem Kulturforscher auch noch nach Generationen Rätsel aufgeben.

Wie bereits Kyros der Große bewies auch Dareios überaus große Toleranz gegenüber den unterworfenen und in das Reich eingegliederten Völkern, besonders gegenüber deren Religionen, und erwarb sich dadurch sowie durch seinen ausgeprägten Gerechtigkeitssinn hohen Respekt und großes Vertrauen bei weiten Teilen der Bevölkerung. Unter Dareios erlebte das Perserreich auch eine Zeit der kulturellen Blüte; die prächtigen Paläste in Persepolis, Susa und Ekbatana (dem heutigen Hamadan) wurden von Dareios erbaut.

Als im Jahre 538 v. Chr. Elam im Weltreich der Achämeniden aufging, wurden dadurch die Perser zu den Erben elamischer Kunst und Kultur. Schon lange vorher waren sie in die Schule der Elamer gegangen.

Kapitel VII

Das Thronfolgegesetz, seine Folgen und das Mutterrecht im alten Elam

Abb. 12

Elams Vertrag mit König Naram-Sin von Akkad (um 2260 v. Chr.), Vorderseite. Dieser Vertrag ist die erste große Geschichtsurkunde Elams. Die schwer beschädigte Tontafel wurde in Susa gefunden und steht heute im Louvre. Das Erstaunliche an dieser Urkunde ist, dass sie auf Elamisch abgefasst wurde, während alle sonstigen Denkmäler aus der Sargonidenzeit bis auf Naram-Sin auf Akkadisch beschriftet sind. Einiges konnte noch nicht entschlüsselt werden, doch der Vertrag beweist, dass der mächtige Herrscher des Zweistromlandes Wert auf ein Bündnis mit Elam gelegt hat.

In vorgeschichtlicher Zeit bestand in Elam das Mutterrecht. Dies hatte zur Folge, dass die jüngere Schwester des Königs oder der Königin Thronfolgerin wurde.

Cameron sagt dazu, dass in frühen elamischen Dokumenten wiederholt des Herrschers Mutter, Schwester oder Tochter erwähnt wurde. Der verfügbare Nachweis für die sogenannte klassische Periode betont den matrilinearen Charakter in der königlichen Nachfolge.

Das Recht auf den Thron hatte nachweislich die Mutter. Beispiele sind Bruder-Schwester-Ehen, die vermutlich allgemeine Praxis waren.

Ein Auszug aus Friedrich Wilhelm Königs »Mutterrecht und Thronfolge im alten Elam« gibt einen erweiterten Einblick in die Erbfolge: »Es muss ein tiefgreifender Unterschied in der Stellung der weiblichen und männlichen Mitglieder der Familie bestanden haben, der wohl darin zu erklären ist, dass es am elamischen Hofe zwar viele Männer gab, aber nur eine Frau entscheidenden Einfluss auszuüben befähigt war.« Diese einzige Frau war die »Schwestergemahlin«. Daraus leitete König den Schluss ab: »Die erste Tochter, die dem letzten regierenden Fürsten (dem letzten regierenden Bruder) von seiner Schwester, die natürlich auch von einem regierenden Geschwisterpaar gezeugt sein musste, geboren wird, ist die Kronprinzessin.«

»Die Thronfolge«, fährt König fort, »stellt sich also so dar: Auf den Vater folgen zunächst in der Reihenfolge ihres Alters seine Brüder aus der Schwesterehe; auf einen bruderlosen Vater folgt der älteste Sohn, dann der Reihe nach dessen jüngere Brüder, die natürlich alle von der Kronprinzessin abstammen mussten. Dann wieder der Reihe nach die Söhne des älteren Bruders von jener Schwester, die von dem zuletzt regierenden Vater als Erste gezeugt worden ist. Erst nach dem Tode dieser Söhne folgen die möglicherweise vorhandenen Söhne der jüngeren Brüder von derselben Schwester usw. Stirbt nun die Kronprinzessin früher als ihr Königsgemahl und sind noch keine Kinder da, so muss der König die zweitälteste Schwester ehelichen. Daraus ergibt sich, dass nur eine bestimmte Anzahl der Verwandten und Kinder als rechtmäßig galten. Die beiden für Elam charakteristischen Erscheinungen sind Schwesternheirat und Gottesgnadentum.«

König fügte seinen Ausführungen hinzu, »dass es manchem vielleicht unwahrscheinlich erscheinen mag, dass man in einem Lande seine eigene Mutter heiraten, deutlicher, zu dem Zwecke heiraten musste, um mit ihr einen Erbsohn zu zeugen.

Das ist aber nur für unser Gefühl verabscheuungswürdig, es hat in einer ganz anderen Kultur seine Wurzeln.« König wies darauf hin, »dass nur dem arisch-hellenistischen Geiste die Heirat des Oedipus mit seiner Mutter strafbar erschien. Von ihrem Rechtsempfinden her war eine Schwester nicht vom Bruder zu schwängern, und doch haben wir eine Menge Informationen, nach denen nur der Bruder die richtige Nachkommenschaft von seiner Schwester erhalten konnte.«

Die Unterschiede lagen bei den aus dem kaukasischen Raum stammenden, in das Hochland des Zagrosgebirges eingewanderten Proto-Elamitern, die arischer Abstammung und die Vorfahren der in historischer Zeit im Königreich Elam lebenden Bevölkerung waren. Die elamischen Hochländer hatten sich mit den in die Susiana eingewanderten Menschen äthiopisch-negritischen Ursprungs, aber auch mit ihren Nachbarn, den Sumerern und Assyrern, die semitischer Herkunft waren, im Laufe der Jahrhunderte vermischt.

Schon in frühester Zeit regierte in Elam ein Oberkönig über eine Schar von Vasallen-Fürsten. Dieser Oberkönig führte den Titel »König« mit dem Zusatz »von Anshan und Susa«. Neben dem Oberkönig regierte in Elam ein Vizekönig. Er war nach der Staatsregel der nächstjüngere Bruder des Königs und zugleich dessen künftiger Nachfolger.

Die elamische Staatsverfassung gründete somit auf ein Bruderrecht (Fratriarchat). Thronerben waren nicht die Söhne, sondern die Brüder des Herrschers. Die große Sterblichkeit in den elamischen Herrscherhäusern war sehr wahrscheinlich eine Folge von Inzucht. Diese Inzucht ergab sich aus zwei weiteren Merkmalen der Erbfolge: aus Levirat und Geschwisterehe. Beim Tod des Oberkönigs heiratete in der Regel sein ihm nachfolgender Bruder dessen Witwe. Diese war nach der Sitte im elamischen Königshaus häufig ihrer beider Schwester. Die elamische Geschwisterehe ist seit langem vermutet und aus den Quellen mittelbar erschlossen worden. Die Folgen solcher blutschänderischen Beziehungen konnten nicht ausbleiben. Sie führten zu ständiger Störung der Erbregel, so dass in der Tat nicht selten der Sohn auf den Vater folgte, einfach weil beim Tod des Herrschers keiner seiner Brüder oder Vettern mehr am Leben war.

Geschwisterehe, Levirat und Gewalten-Dreiteilung bestimmten somit die elamische Staatsverfassung. Ähnliches habe es sonst nirgends je auf Erden gegeben, so Walter Hinz.

In diesem Zusammenhang sei darauf hingewiesen, dass die Fruchbarkeitsgöttin Kore selbst die Tochter des Geschwisterpaares Zeus und Demeter gewesen sein soll.

Wahrscheinlich regierten die Vizekönige am jeweiligen Stammsitz der Dynastie, also am Herd der Macht, keinesfalls in Susa. Dieser Sitz war in ältester geschichtlicher Zeit Awan, danach Simash, später vermutlich Anzan südostwärts der Susiana.

An dritter Stelle ist im elamischen Staatswesen der Beherrscher der Susiana oder Fürst von Susa herausgehoben. Er führte in der sumerischen Sprache den Titel »Regent« (sukkal), in der akkadischen den Titel »König« (von Susa) (sharrum), auf Elamisch war seine Bezeichnung »Landvogt« (halmenik). Der Fürst der Susiana war grundsätzlich der älteste Sohn des Oberkönigs.

Vater, nächstjüngerer Bruder des Vaters und ältester Sohn: Diese drei regierten Elam.

George Cameron habe die elamische Gewalten-Dreiteilung als Erster erkannt, sagt Walter Hinz. Sie erwuchs aus dem alt-elamischen Erbrecht einerseits und dem lockeren Zusammenhalt der Teilstaaten andererseits. Durch ihre Dreiheit wurde die Führungsspitze beweglicher, da vor allem der Vizekönig (und künftige Thronerbe) nicht einfach am Stammsitz der Dynastie verblieb, sondern anscheinend regelmäßig die einzelnen Reichslande bereiste, was ihrem Zusammenschluss sehr dienlich war.

Vater und Sohn – also Oberkönig und Susa-Fürst – hingegen residierten beide in der Reichshauptstadt Susa. Unwillkürlich fragt man sich: Musste dieses Nebeneinander von Vater und Sohn am gleichen Ort nicht zu gefährlichen Spannungen führen? Gab es in Elam nicht auch Könige, die ihre Söhne umbrachten?

Die Antwort lautet: offenbar nicht. Der Herrscher hat innerhalb der Susiana seinem Sohn vielmehr großzügigen Spielraum gelassen. So mussten Verfügungen des Vater-Oberkönigs, um in der Susiana rechtskräftig zu werden, eigens vom Sohn bestätigt werden. Ferner bezeugten die Inschriften, dass Vater und Sohn bei den Bauten der Reichshauptstadt einträchtig zusammenzuwirken pflegten. Die Rechtstäfelchen bezeugen, dass in Elam eine äußerst starke Familienbindung lebendig war – nicht nur im Herrscherhaus, sondern auch im einfachen Volk.

Schließlich ist noch zu bedenken: Der Sohn als Susafürst stand ja als potentieller Thronerbe erst in zweiter Reihe hinter den Brüdern des Königs. Dieser Umstand dürfte entscheidend dazu beigetragen haben, Vater-Sohn-Spannungen auszuschalten, die sonst auch in Elam mit seinem ausgeprägten Familiensinn zu erwarten gewesen wären.

Wie funktionierte im Einzelnen das Thronfolgerecht innerhalb des herrschenden Dreigespanns?

Wenn der Oberkönig starb, folgte ihm nach der Staatsregel der nächstjüngere Bruder und bisherige Vizekönig. Dieses Erbrecht des Bruders war seit ältesten Zeiten im elamischen Volk gültig gewesen, so dass sich mutterrechtliche und bruderrechtliche Vorstellungen auf merkwürdige Weise verflochten. Im zweiten vorchristlichen Jahrtausend jedoch trat im einfachen Volk das Erbrecht des Bruders gegenüber dem Erbanspruch des Sohnes allmählich zurück und wurde fast ganz von diesem verdrängt. Nicht jedoch im Herrscherhaus: Hier blieb das

Thronfolgerecht des Bruders bis zum Untergang des Reiches in Kraft, auch wenn es mehrfach mit Gewalt gebrochen wurde.

Die Quellen vermelden nichts davon, dass das angestammte Erbrecht der Vaterbrüder von einem Königssohn jemals ernstlich bestritten worden sei, so Walter Hinz.

Das Thronfolgerecht ist jedoch nicht mit dem Untergang des Reiches Elam erloschen, wie Hinz meinte, sondern hat sich nachweislich bis zum Jahre 206 v. Chr. erhalten.

Das gemeinsame Regieren von Vater und Sohn am Sitz der Dynastie konnte nur Bestand haben, solange die Ernährungsgrundlage für die Bevölkerung gegeben war. War dies nicht der Fall, musste der erstgeborene Königssohn mit einem Teil der Bevölkerung neue fruchtbare Gebiete suchen, um dort nach ihrem überkommenen Muster neue Königreiche oder Fürstentümer zu gründen.

Die Söhne, gebunden an das in ihrem religiösen Bewusstsein verwurzelte Vermächtnis (die Thronfolgeregelung), hatten die Pflicht, dieses Erbfolgesystem wiederum ihren Söhnen und Töchtern aufzutragen. Diese ungewöhnliche Erbfolgebestimmung wurde so zu einer richtungweisenden politischen und religiösen Staatsidee und führte, ob beabsichtigt oder nicht, zum weltgeschichtlich so bedeutenden vorderasiatischen Kulturtrift. Teile der in Vorderasien sesshaft gewordenen altsteinzeitlichen Familiensippen gingen unter Führung der erstgeborenen Fürstensöhne auf Landsuche nach Westen. Ursache für diese Wanderungen waren die von Jahr zu Jahr geringer werdenden Ernten in den engen Tälern des Zagrosgebirges. Man hatte noch nicht gelernt, Ackerböden wieder aufzufrischen. Darum musste ein Teil der stetig wachsenden Bevölkerung zur Vermeidung einer Hungersnot in fremde Länder aufbrechen, um dort fruchtbares Land zu suchen. Der andere Teil der Bevölkerung, der in Elam verblieben war, entwickelte sich im Laufe der Zeit zum vorderasiatischen Königreich von Elam.

Die von Elam ausgehende Landsuche über Mesopotamien, Armenien und Anatolien bis an die heutige türkische Küste der Ägäis (darum auch Ägäistrift genannt) brachte die in Elam erworbenen Kulturgüter überall dorthin, wo sich die Menschen niederließen.

Es ist sicherlich fraglich, ob diese Erbfolgeregelung von Anfang an bestand. Doch sie musste spätestens dann wieder angewendet werden, wenn die Auswanderer sich niederließen und nach einiger Zeit selbst wieder von dem Ernährungsproblem erreicht wurden. Diese Prozedur wiederholte sich so lange, bis man gelernt hatte, Ackerböden zu rekultivieren. So bürgerte sich bei den Nachfahren dieses Volkes anfangs zwangsläufig und später selbstverständlich die Anwendung dieses Erbrechts ein.

Ein beredtes Beispiel für die jahrtausendelange Existenz der elamischen Erbfolgebestimmung war der um das Jahr 206 v. Chr. lebende Stammesfürst Corbis des Territorialstaates Idiensis (auch Idem) auf der iberischen Halbinsel.

Wie aber gestaltete sich die rechtliche Stellung der Frau in Elam? Nach Ausweis der Quellen hatte sich die elamische Frau in altbabylonischer Zeit ein hohes Maß an Gleichberechtigung errungen, stellt Hinz fest. Dies stand in deutlichem Gegensatz zu den urtümlichen Verhältnissen des 3. oder gar 4. Jahrtausends, als die Brüder bevorrechtet, die Schwestern benachteiligt waren. Je mehr sich vaterrechtliche Rechtsformen durchsetzten, was die alleinige Erbanwartschaft der Kinder zur Folge hatte, desto mehr verbesserte sich auch die Stellung der Elamerin, denn nunmehr erbten Söhne und Töchter gleichberechtigt. In den Teilungsverträgen tauchten jetzt neben Männern auch Frauen auf, ja, es gab Teilungen nur unter Frauen. Ohne weiteres konnten Frauen auch als Zeuginnen vor Gericht auftreten. Als Klägerinnen wie als Beklagte sind wir ihnen schon begegnet. Bei Verträgen drückten sie ihre Nagelmarken neben die ihrer männlichen Kontrahenten in die Tontafel.

Für die rechtliche Stellung der Frau kennzeichnend ist folgender Fall: Beim Tode ihres Vaters erbte eine verheiratete Tochter als einziges

Kind sein ganzes Vermögen. Ihr Mann erhob dagegen Einspruch, weil das Erbe nicht unter die Mitgift fiel, er also keine Verfügung darüber hatte. Die Frau kam ihm aber entgegen. Sie versicherte urkundlich und unter Eid: »Du bist mein Mann, du bist mein Sohn, du bist mein Erbe, und unsere Tochter wird dich lieben und hegen!« Damit gab sich der Ehemann zufrieden. Er verzichtete wohlweislich darauf, die Übertragung des Erbes an ihn einzuklagen. Durch die eidliche Erklärung seiner Frau erhielt er eine Verfügungsgewalt, die ihm das Gericht schwerlich zugebilligt hätte.

Im selben Zusammenhang gehört ein Täfelchen, das besagt, ein Vater habe seiner Tochter einen Acker geschenkt. Diese vererbte das Grundstück ihrer Tochter und diese wieder an ihre Tochter, die es dann verkaufte. Es gab also bei persönlichem Vermögen ein Erbrecht in der weiblichen Linie.

Aber auch der elamische Mann hat, wie die Täfelchen erkennen lassen, vielfach eine fürsorgliche Haltung für die Frau gezeigt, ja, seine weiblichen Angehörigen nicht selten bevorrechtet. Auf einem solchen Täfelchen schenkt der sterbende Vater sein Vermögen zu gleichen Teilen seinen beiden Kindern, nennt aber die Tochter vor dem Sohn. In einer anderen Urkunde schenkt ein Mann seiner Frau einen Garten, verfügt dabei jedoch ausdrücklich, dass sie den Garten auch dann behalten dürfe, wenn er sich je von ihr scheiden ließe. Ähnlich fürsorglich handelte ein Elamer, der auf dem Totenbett sein Vermögen der Ehefrau auf Lebenszeit zum Nießbrauch vermachte. Nach ihrem Tode sollten von ihren Söhnen nur diejenigen erben dürfen, die der Mutter immer mit Rücksicht und Liebe begegnet waren.

Die Bevorzugung der Tochter durch den Vater verrät ein Testament, durch das der Erblasser sein ganzes Vermögen eben dieser Tochter übereignete, obwohl er zwei Frauen (es gab also die Mehrehe) und mehrere Söhne hatte. »Solange ich noch am Leben sein werde, wird sie (die Tochter) mich verpflegen, und wenn ich sterbe, soll sie mir Totenopfer darbringen.« Wer von den Verwandten sich gegen diese letztwillige Verfügung auflehne, der solle vom Flussgott Shazi zerschmettert werden.

Eine weitere Urkunde stammte aus der Zeit des Großregenten Attamerra-halki (wohl um 1580 bis 1570 v. Chr.). In ihr vermacht ein Mann seiner Ehefrau all sein Vermögen und begründet dies auch: »Weil sie ihn umsorgt und für ihn gearbeitet hat.« Und noch weitere Vorsorge trifft der Sterbende für seine treue Lebensgefährtin: Die Söhne sollten dereinst das Vermögen nur unter der Bedingung erben dürfen, dass sie bei der Mutter blieben und sich um sie kümmerten.

Abb. 13

Ein aus Bruchstücken zusammengesetztes Relief aus Ninive zeigt die Hauptstadt Susa samt Stufenturm (Ziqqurrat). Im Fluss schwimmen ein toter Elamer und ein Köcher. Links beobachten auf den Zinnen des Stadttores die Machthaber von Susa angstvoll den Verlauf der Schlacht.

Alle diese Zeugnisse, so trocken-juristisch sie abgefasst sind, geben Aufschluss über die gehobene soziale Stellung der elamischen Frau.

In dieses ungewöhnliche Bild passt, dass einmal eine elamische Frau sogar zur Beherrscherin der Susiana aufstieg.

Kurzer Einblick in Elams Strafjustiz

In Prozessen erster Instanz sprachen die Richter alleine das Urteil. Die Kanzler wirkten erst in Berufungsverfahren mit. Daneben gab es jedoch wie zu allen Zeiten im Orient die Möglichkeit, die Fürsten unmittelbar anzugehen, und zwar über die Köpfe von Richter und Kanzler hinweg. Das dürfte eine Frage des Einflusses und der Bestechung gewesen sein.

Bedeutsam bleibt, dass in Elam das Zivilprozesswesen allein weltlichen Richtern anvertraut war. Priestern begegnen wir höchstens als Zeugen.

Die Zeugen spielten im elamischen Rechtswesen eine überragende Rolle. Schon ihre Zahl war meist beträchtlich. Die meisten Urkunden nennen zwischen fünf und zwanzig Zeugen.

Die Urkunden aus Elam enthielten in aller Regel eine Strafklausel. Gut elamisch – also unbabylonisch – war die Androhung schwerer Verstümmelungen und Verfluchungen: Wer einen Meineid schwor, dem wurden Hand und Zunge abgeschnitten. Dazu kam häufig noch die Zahlung einer hohen Buße.

Kapitel VIII

Die Göttin mit dem Doppelnamen

Abb. 14

Die Abbildung zeigt die Göttin Kore mit einem sogenannten Meniskos, einer schirmartigen Bedeckung des Kopfes. Der Nutzen dieser Kopfbedeckung ist nicht eindeutig geklärt. Der Wortursprung liegt in der griechischen Bezeichnung für Halbmond (meniskos = Möndchen, mondsichelförmige Scheibe, von mene = Mond). Die Skulptur steht in der Skulpturhalle in Basel. CH-4056 Basel, Mittlere Straße 17. Veröffentlichung mit freundlicher Genehmigung von Herrn Thomas Lochmann.

Dass wahrscheinlich eine Fürstin als Oberhaupt eines vorgeschichtlichen Volkes existierte, hat die Wissenschaft indirekt bestätigt, indem sie dieses Volk als Proto-Elamiter bezeichnete. Denn die Proto-Elamiter sind die Vorfahren der Elamer, die schon in prähistorischer Zeit in CORBIANA und CORBIENE im Zagrosgebirge wohnten. Wenn auch der Name der Priesterfürstin sich daraus nicht erklärt, führt kein Weg daran vorbei, dass ein Oberhaupt dieses Volk in der damals üblichen hierarchisch strukturierten Rangordnung regierte. Zu dieser Zeit herrschte in ELAM das Matriarchat, demzufolge musste es eine Fürstin gewesen sein.

Ihr den Namen CORE zu geben ist keine präjudizierende Festlegung, sondern das Ergebnis des Bestrebens, aus der Wurzel etymologisch verwandter Wörter bzw. Namen einen logischen Schluss zu ziehen. Die Wurzel besteht aus dem »CR«, die zusammen mit einer gewissen regelmäßigen Veränderungen unterliegenden Lautfolge, in diesem Falle mit dem Vokal »o« und dem Ablaut »e«, den Namen CORE ergibt. Dieses CORE prägte als Kennzeichen des Stammes alle folgenden Namen, ob sie für Personen, Städte, Landschaften, Berge, Kaps oder weiterführende Begriffe wie KORBAN und KORYPHÄE verwendet wurden.

Wer war Kore?

Es handelte sich um eine Frauengestalt, die man Kore nannte und von der man glaubte, sie wäre eine Göttin. Ihr nur im Mythos bekannter Rang und ihre Funktion als Göttin der Fruchtbarkeit und Tochter des höchsten griechischen Gottes Zeus gaben keinerlei Anlass, in ihr ein menschliches Wesen zu vermuten. Dennoch führte die im Mythos beiläufig erwähnte Vaterlosigkeit ihres Sohnes Korybas zu Überlegungen, ob nicht doch beide irdischer Herkunft wären.

KORE war wahrscheinlich eine Frau mit hervorragenden Führungseigenschaften und dürfte über einen scharfsinnigen Intellekt verfügt haben. Das ergaben Untersuchungen aller erreichbaren Informationen über das Umfeld, in dem Kore vermutlich lebte. Außerdem ist festzuhalten, dass ihr Name und der ihres Sohnes KORYBAS in einer nicht zu übersehenden Vielfalt für geographische Begriffe verwendet wurden. Dies dokumentiert zweifelsfrei ihre herausragende Rolle im Mittelpunkt einer irdischen Entwicklungsphase.

Autoren der Antike nennen in ihren Werken wiederholt eine Stadt CORBIENE als die Hauptstadt der persischen Statthalterschaft KORBIANA. Frühestens im 8., spätestens im 14. Jahrhundert wurde diese Stadt in KHORREMABAD umbenannt. Sie ist heute die Hauptstadt eines iranischen Verwaltungsgebietes im nördlichen Zagrosgebirge. Das Gebirge (auch Sagros geschrieben) zieht sich von Norden nach Süden an der gesamten Westgrenze des heutigen Staates Iran entlang.

Trennt man die islamische Endung »ramabad« von »KHORRE-MABAD«, bleibt KOR oder KHORRE – der Name der Göttin. Die einstigen Bewohner, die Sekte der KORYBANTEN, nannte man nach der Eroberung durch die Muslime KHORREMITEN. Wortstamm blieb KORE, der Name der Priesterfürstin des wohl mächtigsten Stammes, der vermutlich diese Stadt einst gegründet hatte.

KORE, die auch PERSEPHONE genannt wurde, war in der griechischen Mythologie die Fruchtbarkeitsgöttin der Erde; Tochter des höchsten griechischen Gottes ZEUS und seiner Schwester und Ge-mahlin DEMETER, welche beide die Kinder des Titanen KRONOS und der Göttermutter RHEA gewesen sein sollen. Die Nachwelt kannte bislang KORE und ihren Sohn KORYBAS nur aus der Göt-terwelt der griechischen Mythologie. Das Wort »Kore« bedeutet in der griechischen Sprache »Mädchen«, während KORYBAS in etwa als »der königliche Sohn der KORE« zu übersetzen wäre. Die Namen waren jedoch nicht griechischen, sondern elamischen Ursprungs, von den Griechen übernommen und in ihre Sprache integriert worden. Demzufolge handelte es sich im vorliegenden Fall nicht um eine Über-setzung, sondern um übernommene Namen.

Der Name Kore, der in der altgriechischen Schriftsprache »Jungfrau« und »Mädchen« bedeutet und später auch bei den Griechen vorherrschte, könnte nach seinem Eingang in die griechische Mythologie schon viel früher bekannt gewesen sein. Bei den Griechen (wie auch den Römern) war es nicht unüblich, fremde Götter in die eigene Religion zu integrieren.

Dass Kore/Persephone keine ursprünglich griechische Göttin war, geht aus dem »Handbuch der griechischen Mythologie« des britischen klassischen Philologen Herbert J. Rose hervor. Er schrieb:

»Woher diese Göttin auch stammen mag, in der uns vorliegenden antiken Literatur wird sie stets mit Kore, der Tochter der Demeter, gleichgesetzt.«

Die Göttin Kore/Persephone wurde durch die Genealogisierung der Götterwelt durch Homer und Hesiod um etwa 600 v. Chr. bekannt. Doch Persien entstand erst im 8. Jahrhundert v. Chr., während die Priesterfürstin KORE vermutlich im oder schon vor dem 8. Jahrtausend v. Chr. gelebt haben könnte. Die Verwendung des Namens PERSEPHONE seit der Zeit der kultischen Auseinandersetzungen ist nicht nachzuweisen.

Doch wie kam es zu dem Namen PERSEPHONE? Den Namen KORE statt PERSEPHONE als den ursprünglichen anzusehen gründet sich auf folgende Überlegungen, die mit den Bestrebungen des Erneuerers persischer Religionsvorstellungen, des persischen Sehers Zarathustra (um 600 v. Chr.), zusammenhängen könnten. Begünstigt durch seinen Beschützer und Gönner, den altiranischen Fürsten HYSTAPES, wuchs der Einfluss Zarathustras auf die Ausrichtung der Religion im persischen Reich.

Zu dieser Zeit musste sich die Sekte der KORYBANTEN vor dessen Nachstellungen in Acht nehmen. Zarathustra verfolgte in schroffer Ablehnung die wilde Raserei der in Persien damals üblichen orgiastischen Kulte. Die Sekte der KORYBANTEN, die schon in vorpersischer Zeit in derartige Kulte involviert waren, versuchten den Nachstellungen

Zarathustras zu entgehen. Sie setzten alles daran, ihre kultischen Bräuche vor Übergriffen, Verfolgung und Verboten seitens Zarathustras zu schützen. So könnten sie beschlossen haben, die Spuren ihrer Göttin zu verwischen, indem sie ihr einfach einen persischen Namen, nämlich Persephone, gaben – ein perfektes Ablenkungsmanöver. Die Ähnlichkeit der beiden Namen Persephone und Persepolis ist unübersehbar (Dareios erbaute Persepolis um 518 v. Chr. als Sommerresidenz).

Diese Gedankengänge erheben keinen Anspruch auf Wahrheit, deuten jedoch die bisherigen Forschungsergebnisse als Indizien auf die eigentliche Ursache für die Entstehung des Namens Persephone. In diesem Zusammenhang soll noch erwähnt werden, dass man in Persepolis bei Ausgrabungen zahlreiche Fragmente mit keilinschriftlichen Texten fand, die auf das vorpersische Reich von Elam hinweisen und in elamischer Sprache geschrieben waren.

Demeter, Kore, die Geberin der Fruchtfülle – so lautet die Mythe – *Demeter verließ den seligen Kreis der Olympier, als sie erfuhr, ihre Tochter Kore sei von dem finsteren Hades geraubt und für sie unwiederbringlich verloren.*

Sie wanderte nach Eleusis. Sie gebot den Eleusiniern, einen Tempel zu erbauen, und verhieß ihnen die heiligen Gebräuche zu offenbaren, durch deren Beobachtung sie der höchsten beseligenden Wohlthaten teilhaftig werden würden.

Als der Tempel erbaut war, barg sich darin die trauernde Göttin, und es wuchs Jahre hindurch keine nährende Halmfrucht, also daß Menschen und Tiere aus Mangel an Nahrung hinstarben, bis endlich der allwaltende Zeus den Ausspruch that, die geraubte Kore solle zu ihrer Mutter auf die Oberwelt zurückkehren, zwei Drittel des Jahres mit ihr sich freuen, ein Drittel aber bei ihrem Gemahl in der Tiefe zubringen.

Als Demeter die Tochter in den Armen hielt, erwachte der junge Frühling, und die Erde brachte Knospen und Blüten, Getreide und Baumfrucht in üppiger Fülle hervor.

Abb. 15
Zeichnung Kristy Mc Neilly, 14 Jahre*

Die Göttin aber lehrte die Häupter der Stadt die Geheimnisse ihres Dienstes und deren Deutung: wie ihre Tochter Kore gleich das Samenkorn in die Erde gesenkt hat, um im Frühling frisch und lebensvoll wieder hervorzutreten, und wie in gleicher Weise der Mensch im irdischen Tode zur Tiefe niedersteige, um sich dort, geläutert von den Schlacken des Erdenlebens, zu einem höheren Dasein zu erheben. Solche Lehren erfaßten und bewahrten freilich nur die Edeln und Weisen; darum blieben sie in mystisches Dunkel gehüllt, darum glaubte man auch, die Gottheit selbst werde den ruchlosen Frevler strafen, der sie offenkundig mache. Das Geheimnis wurde auch so wohl bewahrt, daß erst spätere Schriftsteller einige Aufschlüsse darüber gaben, die wenigstens in der Hauptsache unsere Wißbegierde befriedigen. (Wilhelm Wägner, Leipzig 1859)

Als die Perser gegen Ende des 8. Jahrhunderts v. Chr. mit der Errichtung ihres Reiches begannen, übernahmen sie die dort angetroffene Verwaltungssprache und die Keilschrift der Elamiter. Damit steht eindeutig fest, dass das Wort KORE ein altes elamisches Wort war.

»Der Name KORE, der u. a. auch DEMETER oder CERES genannt wurde, ist so weit verbreitet, dass er wohl als eine der frühesten Bezeichnungen für den ›weiblichen Geist des Universums‹ angesehen werden darf.«
(Hannelore Vonier)

Ob KORE und ihre Söhne bereits zur Zeit des Übergangs von der Alt- zur Jungsteinzeit, etwa um 10 000 v. Chr., in CORBIENE im Zagrosgebirge gelebt haben und an der Veränderung der damaligen Lebensgewohnheiten beteiligt waren, lässt sich schwerlich mit letzter Sicherheit beweisen. Doch wenn man die Ursachen für KORES Stellung im Mythos als Fruchtbarkeitsgöttin zur Disposition stellen würde, könnte ihre Einbindung in den Mythos damit zusammenhängen, dass sie in ihrer Heimat CORBIENE die dort noch in Höhlen lebenden Familiensippen von den Vorteilen des Sesshaftwerdens überzeugte und ihnen die Fruchtbarkeit der Erde bewies, indem sie den Anbau erster Getreidesorten vorführte.

Diese Ansiedlungspolitik hatte Kore sicherlich den Ruf einer Göttin eingebracht. Wenn auch nicht unmittelbar, so doch als Folge des Sesshaftwerdens. Im Gebiet des Zagrosgebirges entstand eine stetig wachsende Bevölkerung. Ein nicht mehr zu übersehender Nahrungsmangel beschwor die Gefahr einer Hungersnot herauf. In der alten Heimat war kein Platz mehr für die heranwachsenden Söhne und Töchter der Bauern. Auch für die Nachkommen der Fürsten bestand wohl wenig Aussicht, in der näheren Umgebung unbesiedelte Räume für die Gründung neuer Stadtstaaten zu finden.

Die Priesterfürstin als geistliches und weltliches Oberhaupt ihres Volkes musste einen Ausweg finden.

Sie entschied sich für eine organisierte Auswanderung eines Teils der jüngeren Generation unter dem Schutze ihres erstgeborenen Sohnes. Für die verbleibende Restbevölkerung war die Entscheidung ihrer Fürstin, das Volk zu teilen, die einzige Überlebenschance. Diese Situation erklärt den Hintergrund des überlieferten Thronfolgegesetzes der Elamiter. Denn es bestimmte, wie schon bekannt, dass nicht der Sohn des Königs Nachfolger werden durfte, sondern der nächstjüngere Bruder das Anrecht auf den Thron hatte.

Da die Brüder des Königs in der Regel älter waren als seine Söhne, wurde so eine intelligente und soziale Regelung für den Erhalt des Stammes und seiner religiösen Bräuche vorgezeichnet.

Das System der elamischen Erbfolge hat sich somit als ein erstes Gründungsgesetz zur Errichtung weiterer Territorialstaaten entpuppt, denen die Mitglieder des Königshauses vorstanden.

Die Sprösslinge der damaligen Fürsten entwickelten einen bestechenden Unternehmergeist. Schnell konnten sie die von ihnen in anderen Gegenden und Ländern angetroffene Urbevölkerung von ihren fortschrittlichen Kenntnissen, die sie in ihrer Heimat Elam erworben hatten, überzeugen und sie somit in das System ihrer überkommenen politischen und religiösen Ordnung integrieren.

Das alte Gesetz der Elamiter wurde vielleicht unbeabsichtigt zu einem der auslösenden Faktoren des Kulturtransfers von Vorderasien bis zur Ägäis und später zu den westlichen Mittelmeerländern.

So könnte KORE, die Mutter-Gottheit, die Fürstin eines Volkes, von hoher Gesinnung und hervorragenden Eigenschaften, außerhalb mythischer Verwechslungsspiele geschichtliche Bedeutung gehabt haben. Ob KORES Absichten religiös motiviert waren oder ihr auch machtpolitische Interessen nachgesagt werden könnten, ist durch ihre Einbindung in den Mythos schwerlich zu beantworten. Das Thronfolgegesetz und der Erhalt des Stammesnamens standen im Einklang mit der Teilung der Bevölkerung zum Schutze vor einer Hungersnot und wurden somit als ihre hervorragenden Eigenschaften gewertet. Es lag wohl in ihrer Absicht, die Struktur ihres Territorialstaates für alle Zeiten zu bewahren und ihren trotz aller Variationen erkennbaren Namen für die folgenden Jahrtausende zu erhalten.

Die Ähnlichkeit der Namen KORE und KORYBAS mit dem Namen der alten Hauptstadt CORBIENE sowie der Landschaft CORBIANA lässt keinen Zweifel an ihrer Zugehörigkeit untereinander. Ein weiterer Hinweis auf den wahrscheinlichen Wohnort KORES und ihrer Familie liegt in dem Namen ihres zweiten Sohnes Zagreus, der eindeutig auf das Zagrosgebirge als Wohnort hinweist. Den Ursprung der Namen CORBIS, KORYBAS, KORYBANTEN, CORBIENE usw. auf Kore zurückzuführen stützt sich auf die Erkenntnis, dass alle diese Namensbildungen einst aus dem Wurzelwort KOR gebildet wurden. Diese Erkenntnis erhärtete sich, als sich herausstellte, dass dieses Wurzelwort nur im Namen der Kore als der eindeutig ersten Namensträgerin gefunden werden konnte. Dass eine frühere Fürstin mit Namen Kore im Laufe der Jahrtausende von ihren Nachfahren verehrt und schließlich zu einer bedeutenden Göttin hochstilisiert wurde, kann man als höchst wahrscheinlich annehmen. Dass KORE in der altgriechischen Schriftsprache »Jungfrau« und »Mädchen« bedeutet, gibt Anlass anzunehmen, dass ihre Empfängnis (Korybas) wie bei der biblischen Jungfrau Maria auf alten mythischen Vorstellungen beruhte.

Da heißt es:

»Schwanger kommt heute Kore nach Bethlehem, zu gebären den Kyrios. Engelschöre eilen herbei, Kore, die jungfräuliche Göttin, die den Ägyptern den Aion gebar.«

(Konrad Onasch, »Das Weihnachtsfest im orthodoxen Kirchenjahr: Liturgie und Ikonographie«, 1958)

KORE soll in ihrer äußeren Gestalt eine wunderschöne Frau gewesen sein. Nun ist allerdings die griechische Mythologie voll von

Götterbildern mit menschlichem Antlitz. KORE würde demnach äußerlich lediglich den Vorstellungen der Griechen über das Aussehen der Götter im Allgemeinen entsprechen. Damit meinte mein Vater, dass die Götter des Mythos nicht fiktive Gestalten der menschlichen Fantasie, sondern möglicherweise doch real existierende Menschen gewesen sind.

KORE, die Fürstin der KORYBANTEN, wäre demzufolge zumindest für ihre Nachfahren eine Göttin. In Hinsicht auf ihren Sohn KORYBAS, der stets in der griechischen Mythologie ohne Vater und als Halbgott genannt wird, bezog sich mein Vater auf Billerbecks Aussage, dass die Mutter, eine Göttin oder analog die Fürstin eines Volkes von hoher Gesinnung und hervorragenden Eigenschaften, einen Gatten aus menschlichem Geschlecht der niederen Rasse erwählt, dem sie die Herrschaft verleiht. So gesehen müsste der Vater des KORYBAS ein irdischer Fürst gewesen sein.

Der Gedanke, KORE als Initiatorin und Überbringerin einer großartigen Kulturausbreitung anzusehen, ist das Resultat von Überlegungen, die man in folgenden Punkten zusammenfassen kann: Da sind zunächst die Namen, die alle auf KORE zurückzuführen sind, außerdem der als gesichert anzunehmende Wohnort der KORE in CORBIENE im Zagrosgebirge, der durch den Namen des zweiten Sohnes Zagreus eine wesentliche Bestätigung findet. Der Name CORBIENE steht phonetisch, aber auch grammatikalisch in Übereinstimmung mit dem Namen der KORE und dem ihres Sohnes KORYBAS.

Kapitel IX

Die Söhne der Priesterfürstin: Korybas und Zagreus

*D*a *aber die Unendlichkeit einmal aufhören und ein Ziel finden mußte, überredet der große Helios den Korybas, der Mitregent der ›Großen Mutter‹, der mit ihr zusammen das All schafft und mit ihr die Vorsehung verkörpert.«*
(Georg Maue, »Aus der Religionsphilosophie Kaiser Julians in seinen Reden auf König Helios und die Göttermutter«,Leipzig, Teubner, 1907)

Abb. 16

KORES/PERSEPHONES Söhne waren KORYBAS und ZAGREUS. Letzterer war im vorgriechischen Mythos der Unterwelts-, Vegetations- und Jagdgott. Das Herz des von den Titanen in Stücke zerrissenen Zagreus lässt sein Vater Zeus von Semele verzehren und zeugt dann mit ihr Dionysos.

Dieser undeutbare Verwandlungsmythos war in der Geheimlehre der Orphiker von großer Bedeutung. (Die Orphiker waren die Anhänger eines Mysterienkults, der altgriechischen Religion der Orphik, die ihre Lehren auf Schriften des mythischen Sängers Orpheus zurückführten.)

Obwohl der Mythos mehrere Definitionen für Zagreus bereithält, ist sein Name dem Namen des Zagrosgebirges ähnlich, also dort wo Kore und ihre Familie höchstwahrscheinlich ihre Heimat hatten.

Ein Bestandteil des Namens KORYBAS (auch KYRBAS genannt) taucht heute noch im Begriff KORYPHÄE im Sprachgebrauch vieler Völker auf. Das Wort KORYPHÄE wurde in der Antike für jemanden verwendet, der an der Spitze stand: als Oberster, Häuptling, Erster, Anführer. Heute bezeichnet das Wort einen auf einem bestimmten Fachgebiet durch besondere Leistungen hervorragenden Menschen.

Der Name KORYBAS könnte jedoch auch aus einer Kombination des Namens seiner Mutter KORE und einem »bas« gebildet worden sein, das als eine Abstraktion des griechischen Adjektivs »basiletos« (= königlich) zu einem gebundenen Morphem an KORE angehängt wurde.

Die Mythologie berichtet über recht unterschiedliche Verbindungen der Götter untereinander. Sonst stets ohne Vater genannt, war nach Meinung verschiedener Autoren der mythischen Überlieferungen KORYBAS der Sohn des IASION und der KYBELE. In vielen Quellen werden KYBELE und RHEA als identisch bezeichnet. RHEA als Gemahlin des KRONOS und Mutter des ZEUS war somit die Urgroßmutter des KORYBAS. Die oft verwirrenden Abstammungsverhältnisse innerhalb der Götterfamilie scheinen eher eine Folge geographisch bedingter Auslegungen zu sein. Somit ist es durchaus denkbar, dass KORYBAS tatsächlich Sohn der KORE und ihrer Verbindung mit ihrem Großvater KRONOS oder gar ihres Vaters ZEUS gewesen sein könnte.

Im zweiten Teil von Strabos Erdbeschreibung heißt es:

»Einige nennen die KORYBANTEN des Kronos Söhne, noch andere die des Zeus.«

Alte Quellen berichten, dass der Vater des KORYBAS und seine geheimen Beziehungen zur großen Göttermutter geheim gehalten wurden.

KORYBAS ist, wie aus dem Eigennamenverzeichnis der Griechen entnommen werden kann, Vater unterschiedlicher mythischer Gestalten wie APOLLO und vieler anderer. Laut dem griechischen Geschichtsschreiber Diodor war er auch der Vater der IDE, der Namensgeberin des Idagebirges auf Kreta und Mutter des sagenhaften kretischen Königs MINOS.

Die Einbindung des KORYBAS in die Funktion als geringe und fremde Gottheit, also Halbgott, und als Erbauer der Stadt Hierapytna auf Kreta sowie als Namensgeber einer Vielzahl von Städten, Grotten, Gebirge, Berge, Kaps usw. verweist auf seine irdische Provenienz.

Am Anfang des VII. Kapitels (»Geringe und fremde Gottheiten«) in Roses Handbuch heißt es:

>*»Auch hast du den Himmel mit diesen Halbgöttern gefüllt …*
>*Attis, o Zeus, und Korybas und Sabazios –*
>*woher sind diese in unsere Mitte gekommen?«*

In dieser Vorrede des Lucian wird auch die Frage nach dem Woher des Halbgottes KORYBAS gestellt. Das heißt, da kein Vater des KORYBAS bekannt und er selbst nur ein Halbgott war, also eine geringe und dazu noch fremde Gottheit, konnte sein Vater nur ein irdischer König oder Fürst gewesen sein.

>*»In diesem Corybas scheint eine halb historische, halb mythische Person verborgen, denn außer dem Angegebenen hört man ihn auch einen Gott, einen König der Erde nennen, welcher als Befruchter und Erzeuger alles Lebenden in beide Geschlechter bezeichnender Gestalt aufgeführt wird; er selbst hatte in Asien einen eigenen Dienst, und ward in Waffen und durch Waffentänze geehrt.«*
>(Vollmer's Mythologie aller Völker, Stuttgart 1874)

Kapitel X

Die Planetengötter: Korybanten und Kureten

Abb. 17

(Abb. aus Amiet, S. 546, a.a.O.) »Tanzende Korybanten«, Dekorplatte, Terrakotta, Höhe: 50 cm, Ende des 1. Jhdts. v. Chr.; heute im Britischen Museum, London.

Die KORYBANTEN waren eine Gruppe von Priestern aus dem Adel der Göttin KORE. In Phrygien und Mysien und an der Ägäisküste errichteten sie Tempel. In Pessinus gründeten sie einen Priesterstaat.

Die KORYBANTEN gelten als direkte Nachkommen des KORY-BAS, während sich die KURETEN als kriegerische Kaste aus waffenkundigen Leuten zusammensetzte. Sie bildeten das militärische Potential der kleinen Territorialstaaten. Schon der berühmte Homer (er lebte zwischen 750 und 650 v. Chr.) nannte die jungen Männer – die Kampfkureten – die edelsten der Achäer.

Nach der griechischen Mythologie wären sie bei Strabo eine mit den KORYBANTEN verwandte Gruppe. Ursprünglich waren sie als kleinasiatische Vegetationsdämonen und als orgiastische Ritualtänzer aus dem Gefolge der Göttin KYBELE bekannt.

Die Einordnung der KORYBANTEN und KURETEN durch Strabo, der sie als mythische, aber auch als irdische Gruppen und als wahrscheinlich miteinander verwandt bezeichnet, lässt offen, ob beide letzten Endes menschliche Gruppen waren: die KORYBANTEN vorderasiatischen und die KURETEN kretischen Ursprungs. Vermutlich sind aber beide als Priester und Grundherren aus der Verwandtschaft der Fürstin KORE stammende Gruppen gewesen.

Die KURETEN setzten sich aus adeligen Kriegern zusammen, deren Bindung zur Oberschicht durch ihren Anführer, einem KORYBANTEN, bestand. Eine Sage berichtet, dass HABIS, der Enkel des ersten Königs der KURETEN, GARGORIS, seine Untertanen lehrte, wie man Rinder zähmt, um sie vor den Pflug zu spannen.

Diese wenn auch mythische Überlieferung zeigt, dass die KURETEN der noch auf einer primitiven Kulturstufe stehenden Bevölkerung des Landes in ihrer Entwicklung weit überlegen waren. Schon lange vor der Zinngewinnung vermittelten sie ihnen die ersten zivilisatorischen Entwicklungsmöglichkeiten.

Viele Ungereimtheiten der oft zweifelhaften mythischen Quellen sind Anlass, im Mythos Überlieferungen vorgeschichtlicher Ereignisse zu vermuten, in denen früher lebende Persönlichkeiten durch besonders hoch eingeschätzte Taten für ihr Volk in die Sphäre des Göttlichen – meist erst nach ihrem Tode – gehoben wurden. Zu diesen komplexen Vorstellungen trugen auch die anthropomorphen (vermenschlichten) Verhaltensweisen der Götterwelt bei.

Herbert J. Rose mahnt zur Vorsicht gegenüber den Quellen, wenn es um KORYBANTEN und KURETEN geht. Rose, Lehrer für Altertumswissenschaften, sagt auch: »Kaum zwei Quellen sind hinsichtlich ihrer Abstammung gleich.« (Gelegentlich wird übereinstimmend als Ahnherr Korybas, ein Sohn der Kore ohne Vater, genannt.)

Die Auswanderung der elamischen Königssöhne (KORYBANTEN) aus ihren angestammten Gebieten in Elam in andere Länder, um dort entsprechend ihrer überkommenen Tradition neue, hierarchisch strukturierte Territorialstaaten zu gründen, vollzog sich seit der frühen Vorgeschichte über die nahezu zweieinhalb Jahrtausende dauernde Antike und endete nach der griechischen Kolonisationswelle.

Nach ihrer Tradition durften die auswandernden Königssöhne andere Gebiete niemals gewaltsam erobern, sondern mussten die noch in altsteinzeitlichen Lebensformen verharrenden Bewohner von den Vorteilen einer zivilisatorischen Lebensweise allein mit friedlichen Mitteln überzeugen. Als wohl erste soziale Tat bauten sie ihnen Häuser und lehrten sie Getreidesorten anzupflanzen und Wildtiere zu domestizieren. Anfangs gab es sehr wahrscheinlich Schwierigkeiten, die Menschen vom Sinn des Sesshaftwerdens zu überzeugen. Noch komplizierter gestaltete sich der Versuch, ihnen den damit verbundenen Arbeitsaufwand abzuverlangen.

Nicht nur die verblüffende Kontinuität der Namen, sondern auch die soziale Humanität überrascht – umso mehr, als das Ziel des modernen Humanismus mit seinem Streben nach Menschenwürde und seinen Gleichheitsgrundsätzen weder im klassischen Altertum, der Renaissance noch im sogenannten zweiten und dritten Humanismus des 20. Jahrhunderts erreicht wurde.

Während der Auswanderungswelle von Vorderasien über Mesopotamien und von Anatolien bis zur Ägäis entstanden Dutzende kleiner Fürstentümer: Stadtstaaten, die noch die Hethiter um 2000 v. Chr. im Verlauf ihrer anatolischen Eroberungen vorfanden.

»Aus den alten Mysten …
Was erstlich die Kureten und Korybanten betrifft, so muß man bei Strabo unterscheiden, die Kureten als Völkerschaft, als Dämonen und Götterdiener. Als Völkerschaft gehören sie zu Ätolien und Akarnanien und waren hier die ersten Bewohner. Man erzählt, sie hätten sich einst mit ihren Feinden herumgeschlagen und wären von diesen besiegt worden, daß sie dieselben bei ihren langen herabhängenden Haaren gefaßt hätten, und

deswegen hätten sie nachher die Vorderhaare abgestutzt, und so wurden die Kureten die ›Geschorenen‹ genannt.

Als Dämonen gehören sie nach Phrygien und Kreta. Sie sollen den Zeus auferzogen und die Feste der Göttermutter in Phrygien auf dem Berge Ida gefeiert haben.

Sie sind also teils Priester des Zeus auf Kreta, teils der Kybele in Phrygien. Rhea, sagt die Mythe, wollte das Kind, mit dem sie schwanger ging, vor dem Vater retten und wählte dazu die Kureten, welche ganz gerüstet Waffentänze [aufführten], mit Trommeln, Klapperschalen, Pfeifen, Hörnern und wüstem Geschrei, so vor der Höhle, daß Kronus das Wimmern des neugeborenen Knaben nicht hören konnte.

In Phrygien nannte man sie die Priester der Kybele, die ihre Feste feierten.

Aber wohl nur wegen der Verwechslung mit dem Kretischen. Denn eigentlich hießen die Priester der Göttermutter ›Korybanten‹, aber sie hatten eine ähnliche Bestimmung wie die Kureten, indem sie gleich diesen unter dem Schalle von Flöten und Trommeln und anderer lärmender Instrumente an den fanatischen Festen der Kybele kriegerische Tänze aufführten, daher die Verwechslung beider.

Man hielt auch die Kabiren und die Daktylen mit den Korybanten für einerlei. Und in diesem Sinne nennt der alte Philosoph Pherekydes, der Lehrer des Pythagoras, neun Korybanten, die in Samothrake gewohnt hatten, als Kabiren (das heißt, als mächtige und große Götter), schildert die 37. Orphische Hymne die Kureten, die hier mit den Korybanten einerlei sind, wenn sie singt: ›Die Kureten sind die Erhalter der Welt, Leben gebende und Leben erhaltende, ewige ätherische Geister und wohnen zu Samothrake, sie, die Fruchtbringer und Pfleger der Horen (Jahreszeiten), thronen am Himmel, auf der Erde und im Meere, sie, die mächtigsten Könige, die Kureten und die Korybanten, die zuerst unter den Sterblichen eine geheime Religion stifteten.‹

Die Kureten sind die Erzieher des Zeus und ihr Repräsentant ist Korybas. ›Er, der Selige‹, heißt es in der 38. Hymne, ›ist der gewaffnete König

der Erde, der Unsichtbare, der nächtliche Kurete, der Schenker fürchter-
licher Schreckbilder, der Erwecker der Phantasien.‹

Durch Einöden wandelt er, er, der Manniggestaltende, der nach dem
Willen der Rhea/Kore sich in die Gestalt eines Drachen hüllte. Nach dem
Mythos ging Korybas nach Phrygien und brachte die Verehrung für die
Göttermutter dort hin.

Korybas, der im Mythos als Diener und Priester der Göttermutter u. b.
Orpheus selbst als Gottheit erscheint.

Korybas = Kyrbas – welches einige vom morgenländischen Kabar oder
Kubar (groß, mächtig) herleiten, so daß Kyrbas oder Korybas der erha-
bene, mächtige Gott bedeutet.

Der in Kreta entstandene Zeusdienst verbreitete sich durch den Gebrauch eherner Waffen, aber es kostete Mühe, die rohen Keulenschwinger
an den Zwang und die Last der ehernen Waffen zu gewöhnen; um also
ihren Gebrauch zu erleichtern und annehmlicher zu gestalten, erfand man
den Kriegstanz, wie ihn alle alten Völker hatten. Ein künstliches Manöver,
wo der Sturmschritt durch den Rhythmus der geschlagenen Schilde und
Trommelmusik beflügelt und die Angriffs- und Verteidigungsstellungen
in einem mimischen Tanze dargestellt wurde.

Dieser Tanz lockte die Barbaren und machte sie dem neuen Regiment
gewogen.

In Phrygien schmolz der kretische Waffentanz mit den orgiastischen Tän-
zen der Korybanten zusammen, welcher der großen Berg- und Naturgöttin
Kybele geweihet, die kretische Erzbewaffnung (Helm und Schild) mit
phrygischer Weiblichkeit paarten.

Später nahm man 9 Korybanten an, deren Genealogie sehr verschieden
angegeben wird, ein Beweis, daß ihr Dienst mancherlei Abänderungen
erlitt.

Sie wurden auch Planetengötter benannt, so ließ sich auch nach den Sagen
von jenen an einen uralten planetarischen Kultus denken, wie wir ihn schon
in Oberasien, z.B. bei den Mithrasmysterien, nachgewiesen haben.

Die Tänze aber, die sie aufführten, wären dann Planetentänze, mimische

Darstellungen des Laufes der Planeten im Tierkreise, obschon zugleich auch Kriegstänze, welches beides in den alten Religionen leicht zu vereinen war.

Den Planetengöttern schrieb man die Erfindung des Bearbeitens der Metalle zu. Sie bringen aus der Tiefe der Erde die Erze hervor und lehren sie zu schmelzen und aus dem gewordenen Metalle allerlei Geräte und Waffen zu bereiten.

Das war eine sehr wichtige, den Göttern würdige Erfindung, und die Kureten, die man sich nun auch als Priester der Planetengötter zu denken hat, werden dadurch die ersten Metallbearbeiter und Waffenschmiede genannt und erscheinen so bei der Verbreitung des Zeusdienstes.

Die Korybanten, Kureten, Daktylen und Kabiren gehören zu einem Kreise religiöser, in tiefes Dunkel gehüllter Wesen, dadurch ergeben sich viele Verwechslungen, indem die Griechen auch nicht mehr wissen als wir, daß sie nur in den alten Mysterien ihre Hauptverehrung hatten. Namen und Kultus weisen auf den Orient hin.«

(Johann Andreas Richter, »Sammlung der Mythologischen Sagen«, 1817)

»Die Tänze der Korybanten, denen die heutigen der Derwische in etwa gleichen mögen, haben, wie sich kaum leugnen läßt, einen symbolischen Charakter. Es wäre aber zu fragen, worin dieser speziell bestehe. Nicht unmöglich, es sei damit ein ›Wirbel‹ gemeint, gleich dem Gestirne am Himmel.«

(Prof. Karl Heinrich Rau, 1871)

»Es scheint gewiß, daß man bei Entstehung dieser Mysterien die Eingeweihten mit den Vorteilen unterhielt, die die Korybanten der menschlichen Gesellschaft erwiesen, sei es durch Aufmunterung zum Ackerbau oder durch Betreibung nützlicher Künste. Diesen Wohltaten fügten die Korybanten noch eine andere sehr wichtige bei, nämlich daß sie den Eingeweihten ein künftiges Leben verhießen.«

(Carl Gotthold Lenz, Doktor der Philosophie, »Aus des Freiherrn v. Sainte-Croix Versuch über die alten Mysterien«, 1790)

84

Nach dem 9. Jahrtausend v. Chr., als sich langsam Ackerbau und Viehzuchtkulturen entwickelten, dem 8. Jahrtausend des späten Neolithikums und dem darauffolgenden Chalkolithikum (Kupfersteinzeit), wo neben Steingeräten bereits Kupfergegenstände auftraten, begann eine neue Phase, die wiederum in Vorderasien, nämlich im Gebiet LORESTAN mit der Hauptstadt KHORREMABAD, dem früheren CORBIENE, zuerst festzustellen war.

Die Ausgrabungen, die zwischen 1963 und 1967 von der Britin Clare L. Goff durchgeführt wurden, bestätigen die große Bedeutung des Zagrosberglandes als Wiege des erneuten Fortschritts zur Kupfer- und der ihr folgenden Bronzezeit.

Die berühmten Bronzen von Lorestan traten ihren Siegeszug zu allen Völkern der Welt an und haben so Weltruf erlangt. Die Ausbreitung der KORYBANTEN und KURETEN über Kleinasien in die europäischen Länder, bedingt durch die Anziehungskraft ihrer Erzvorkommen, führte zu neuen Dimensionen der Besiedlung. Hier war nicht nur genügend Raum für die Errichtung kleiner Territorialstaaten vorhanden, sondern sie haben auch mit der Verwertung ihrer Erzvorkommen zu wirtschaftlicher Prosperität für die Menschen in diesen Ländern beigetragen.

Beides, die hierarchisch strukturierte Organisation ihrer Staatengebilde sowie ihr hohes geistiges Niveau – sei es im Bereich ihrer technologischen Kenntnisse oder ihres Bildungsstandes –, befähigte die KORYBANTEN, ihren Führungsanspruch gegenüber anderen Völkern durchzusetzen.

War Kleinasien anfangs das Zentrum korybantischer Entfaltungspolitik, so wurde der Südwesten Spaniens, die BAETICA, das heutige Andalusien, erneuter Ausgangspunkt für weitere Ausbreitungsbestrebungen. Sie endeten erst, als die großen Reiche der Römer und Germanen die kleinenTerritorialstaaten in Frage stellten und sie schließlich auflösten.

Bis dahin zeichneten sich die von KORYBANTEN geführten Territorialstaaten als Überbringer und Träger einer großartigen Kulturentwicklung aus, die zum Entstehen der europäischen Zivilisation einen maßgeblichen Beitrag geleistet hatten.

Ihre Fähigkeiten und Kenntnisse hüteten sie als oberstes Staatsgeheimnis und waren nicht bereit, wie spätere Überlieferungen berichteten, dem römischen Sieger Scipio und später Caesar die Standorte ihrer Zinnminen in England preiszugeben.

Neben den mythischen KORYBANTEN, Verehrer der kleinasiatischen Göttermutter KYBELE als Große und Idaeische Mutter der Natur, der Götter, Menschen und Tiere, gab es die nur aus Männern bestehende Gruppe der KURETEN, Verehrer des obersten griechischen Gottes ZEUS. Nach Meinung einiger Geschichtsschreiber sind die KURETEN und KORYBANTEN Verwandte, beide mythischer und irdischer Herkunft. Strabo hat sie in seinem Werk »Geographika« mehrfach erwähnt. Er hatte über die Herkunftsgeschichte der als Verwandte der KORYBANTEN bezeichneten KURETEN Erzählungen hinterlassen. Sie sind deshalb von Bedeutung, weil die Besiedlung der iberischen Halbinsel vor der großen Kolonisationswelle der Griechen in die westlichen Mittelmeerländer des 8. Jahrhunderts v. Chr. Spuren aufzeigt, nach denen die KURETEN bereits wesentlich früher dort siedelten. Die KORYBANTEN selbst sind im Mythos nur als Kultdiener der KYBELE bekannt, was durch Strabos Berichte angezweifelt werden muss.

Strabo schrieb über die KURETEN, dass sie ursprünglich in CHALKIS auf der Insel EUBÖA lebten. Ständige Fehden mit ihren Nachbarn sollen sie veranlasst haben, nach AETOLIEN (westliches Griechenland) auszuwandern. Eine andere alte Erzählung berichtet, so Strabo, dass ihre Feinde sie während des Kampfes an ihren langen Haaren heruntergezogen hätten, wodurch sie den Waffen des Gegners ungeschützt ausgesetzt gewesen wären. Daraufhin hätten sie sich die Haare abgeschnitten und wurden entsprechend dem griechischen Wort für Schutz (kura) fortan die KURETEN genannt. Auf ihren Wegen durch das Festland fanden sie in PLEU-

RON (einem Gebiet in der historischen Landschaft Aetolien) am Fuße des Berges KURIUS (Koroios) am Ufer des Flusses ACHELOS einen für sie geeigneten Siedlungsplatz. Da sie nun ihre Haare wieder ungeschoren trugen, wurden sie von den Bewohnern des jenseitigen Ufers ALARNEN (die Ungeschorenen) genannt. Nach einer anderen Version über die Herkunft ihres Namens hätten sie ihn vom Berge KURIUS entlehnt und wären ursprünglich ein aetolisches Volk gewesen.

Eine Sage erzählt: »*Man nennt sie auch die Erzieher des Zeus, und nach der Sage unterrichteten sie ihn in den Wissenschaften und Künsten. Dies haben die Kureten in ihrer Heimat erlernt und erfunden, wo sie mit der Natur einträchtig dahinlebten und als Flötenspieler wirkten.*«

Ihr Ende sollen die KURETEN durch Zeus gefunden haben, als sie den EPAPHUS versteckt hielten. Umgekehrt sollen aber die KURETEN den Zeus begraben haben.

Der bereits geschilderte Zug der Nachfahren des elamischen Königshauses in andere Länder vollzog sich seit der frühen Vorgeschichte und endete mit der Entstehung des römischen Imperiums. Spätere Ortsgründungen, die aus KORE und KORYBAS gebildete Namen trugen und zum Teil heute noch tragen, waren nicht mehr Mittelpunkt neu errichteter Territorialstaaten, sondern überwiegend Freisitze adeliger Grundherren. Diese Grundherren entstammten vermutlich einer weitverbreiteten Nachkommenschaft, deren Ahnherr wohl jener iberische Stammesfürst CORBIS gewesen war.

Die Kolonisationsbewegungen griechischer Stämme in die westlichen Mittelmeerländer konnten nicht nur per Schiff, sondern auch auf dem Landwege erfolgt sein.

Eine unvorstellbar lange Bewahrung ihrer Traditionen und die stete Befolgung ihres Thronfolgegesetzes bewahrten diesem Volk über Jahrtausende hindurch seine Existenz und Identität und auch die wohl einmalige Kontinuität seiner Namen.

Die aus CORBIANA stammenden Nachfahren wurden so zu den tragenden Pfeilern des weltgeschichtlich so bedeutsamen vorderasiatischen Kulturtrifts. Mit ihnen gelangten die in Elam erworbenen Erkenntnisse und geistigen Inhalte in die westlich gelegenen Länder zu den dort lebenden Völkern, die noch im altsteinzeitlichen Habitus verharrten.

Dieses bevölkerungsregulierende Erbfolgegesetz setzte eine Rotation ohnegleichen über Jahrtausende in Gang und bewahrte neu gegründete Siedlungen vor einer Hungersnot durch Überbevölkerung. Die Prozedur wiederholte sich so lange, bis man gelernt hatte, Ackerböden zu rekultivieren.

Mit der Ausbreitung des Kulturtrifts bis zur Ägäis gelangte die Zivilisation immer weiter nach Westen. Ab dem 8. Jahrhundert v. Chr. begann in den Randgebieten der Ägäis und Griechenland die griechische Auswanderungswelle in die westlichen Mittelmeerländer und Britannien.

Kapitel XI

Die Ausbreitung nach ITALIEN

Einer der vermutlich ersten Gründungsorte in Italien war die alte Stadt CORBIO an den Osthängen der Albanerberge, südöstlich von Rom. Die Stadt lag im Gebiet des Volsker-Stammes und muss mit jenem Aufstand in Verbindung gestanden haben, der zur Zerstörung aller volskischen Städte im 5. Jahrhundert v. Chr. führte (s. Livius II, 19).

Welche Bedeutung der Begriff CURETS in der Antike hatte, ergibt sich insbesondere daraus, dass das römische QUIRITES im antiken Rom die älteste, ihrer Herkunft nach umstrittene, aber in der Volksversammlung gebräuchliche Bezeichnung für die römischen Bürger war.

Die Römer legten größten Wert auf ihre kuretische Abstammung. Die in Italien und Sizilien siedelnden griechischen Stämme waren die wehrfähigen Gefolgsleute der Oberschicht und standen offenbar mit den KURETEN in Verbindung.

CORBIO wurde im Jahre 457 v. Chr. zerstört. Einer der Führer des Aufstands gegen die Römer war der in Rom geborene CORIOLANUS. Er war ein entschiedener Gegner der römischen Plebs und wurde deshalb von dieser gezwungen, Rom zu verlassen. Erzürnt über die Macht und Anmaßung der Plebejer, sammelte er ein volskisches Heer und belagerte seine Vaterstadt Rom. Auf Bitten seiner Mutter und seiner Ehefrau gab er die Belagerung auf und wurde deshalb von den Volskern ermordet.

Der Volksstamm der Volsker war etwa seit dem 6. Jahrhundert v. Chr. im Bergland des südlichen Latium ansässig. Seit Anfang des 5. Jahrhunderts v. Chr. fanden ständig Kämpfe zwischen ihnen und den Römern statt, die mit der Einnahme von PRIVERNUM (heute Priverno) durch die Römer abgeschlossen wurden. Die Zerstörung der volskischen Städte und die Verschleppung der Frauen und Kinder in die Sklaverei beendete die Existenz dieses Volksstammes. Auf den Ruinen der Stadt CORBIO, die einst eine wichtige und bedeutende Festung war, wurde ein Städtchen errichtet, das heute Rocca Priore heißt.

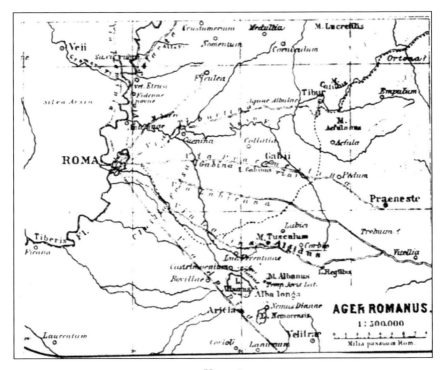

Karte 2

Die sagenhafte Überlieferung dieser Vorgänge lässt vermuten, dass CORIOLANUS der Oberschicht der Volsker entstammte. Sein Vater war vorher aus nicht bekannten Gründen in Rom ansässig gewesen.

Eine andere antike Stadt mit Namen CORIOLI, die, so vermutet man, im südlichen Latium gelegen war und zu dem gegen die Römer gerichteten Latinerbund gehörte, wurde im Zuge des Vergeltungs-schlages der Römer um 493 v. Chr. erobert und zerstört.

Inwieweit man die antike Stadt CORINIUM nordwestlich von Rom zu den Städten rechnen kann, die von Nachfahren der KORYBANTEN gegründet worden waren, lässt sich nicht mit Sicherheit sagen.

Die Geschichte um CORIOLANUS wurde von mehreren Dramatikern, darunter Shakespeare und Brecht, als Thema ihrer Dichtungen verwendet.

Ein sich heute CARBONIA nennender Ort im südlichen Teil Sardiniens, der früher CARBIA hieß, wurde vermutlich von den TYRSENERN gegründet.

Über die heutige Stadt CORTONA in der Toskana berichtete der römische Epiker Silius Italicus (26–101 n. Chr.) in seinem »Punica« genannten Werk (IV. 71–743), dass die Stadt von dem sagenhaften CORYTH LJS gegründet wurde.

CORBOLA, ein heute noch existierendes Städtchen am Po, 33 Kilometer von dessen Mündung entfernt, ist vermutlich das frühere CORBIO, von dem berichtet wurde, dass es in der Umgebung von Mestre bei Venedig gelegen war.

Auffallend ist, dass alle früheren Namen bis auf CORBIO erhalten geblieben sind. Vermutlich ist dies auf die erbitterten Kämpfe und den langjährigen Widerstand der KORYBANTEN zurückzuführen, die die Römer veranlassten, den Namen der Stadt und der Festung für immer auszulöschen.

Kapitel XII

Die Ausbreitung nach SPANIEN

Die KORYBANTEN, KURETEN und TYRSENER kamen im Zuge der metallurgischen Kulturexpansion und der großen griechischen Kolonisation nach Spanien und erreichten die iberische Halbinsel etwa im 3. Jahrtausend bzw. 8. Jahrhundert v. Chr. Im Verlauf des vorderasiatischen Kulturtrifts drangen kleine Gruppen nach Kreta vor, während die griechische Kolonisationswelle schon erzbaukundige Fachleute nach Iberien führte. Das Gebiet der heutigen spanischen Provinz Andalusien nannte man zur Römerzeit Baetica und zur Zeit der Territorialstaaten Turdetania.

Die Fahrten der TYRSENER nach Spanien bezeugten der Geschichtsschreiber Diodor (Buch V, 20) und andere Historiker. Auch der deutsche Archäologe Professor Adolf Schulten sah in den Namen einiger tartessischer Könige ihren etruskischen Ursprung. So haben Rom und Tartessos, die Mutter aller europäischen Städte, in einem kleinasiatischen Volk eine gemeinsame Wurzel.

Die Gründung der Stadt Tartessos im Mündungsgebiet des Guadalquivir um 1100 v. Chr. durch die TYRSENER, die aus Lydien/Kleinasien über Etrurien (die heutige Toskana) nach Spanien kamen, lässt auf Grund der Ähnlichkeit der Namen ihrer Könige aber auch ihrer familienrechtlichen Bestimmungen wie es altetruskische Grabinschriften beweisen, eine Verbindung zu den KORYBANTEN vermuten.
Als Ahnherrin der lydischen Könige galt die Göttin Kybele.
In einer alten Sage heißt es, daß der Sohn eines Lydischen Königs sein Volk um es vor einer Hungersnot zu retten nach Italien geführt hätte.

Die Fürsten und Könige der kleinen Territorialstaaten trugen in ihrer Mehrzahl Namen, die man von den Namen der KORYBANTEN ableiten kann.

Der turdetanische König CERUBELUS, CERUBOS oder CO-RIBOS lebte wie der Fürst CORBIS um das Jahr 206 v. Chr. Sein vermutlicher Nachfolger CORRIBILO wurde 192 v. Chr. von dem römischen Konsul Flavius Flaminius besiegt und gefangen genommen.

Der König CERUBELUS, der um 206 v. Chr. lebte, wohnte in CASTULO, dem heutigen Linares, am oberen Lauf des Guadalquivir, einer äußerst erzreichen Gegend.

Die unmittelbare Nähe zur Stadt IDEM/IDIENSIS des Fürsten CORBIS ist für die Namensgebung des von CORBIS getöteten Vetters ORSUA deshalb von Bedeutung, weil vermutlich ORSUAS Mutter eine Schwester des CERUBELUS war und ihr Sohn ORSUA den Namen nach dem Stamm seiner Mutter, der ORETANER, erhalten hatte. CASTULO war die Hauptstadt der ORETANER.

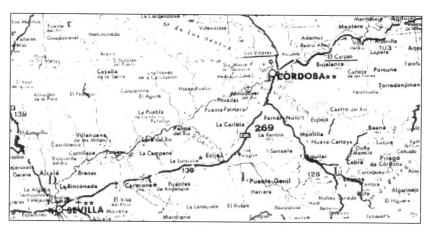

Karte 3

Die Stadt Andujar, nordöstlich von EL CARPIO, am rechten oberen Rand des Kartenausschnittes, war das oben genannte IDEM.

Der Charakter der TURDETANER/TARTESSIER war, wie ihn Schulten beschrieb, von unkriegerischer Natur. Ihre Art ist die eines ganz in den Künsten des Friedens aufgehenden Volkes. Die turdetanischen Könige warben, wenn sie Kriegshandlungen nicht ausweichen konnten, meist wilde iberische Bergstämme als Söldner an, die sie sich auf Grund ihres erworbenen Reichtums leisten konnten.

Im Gegensatz zu den freiheitsliebenden Iberern, die höchstens im Kriege und meist nur für kurze Zeit sich einem Häuptling fügten, stand TARTESSOS seit alters her unter einem König.

Die Stadt war in der Antike für ihren sagenhaften Metallreichtum bekannt. Der Reichtum an Silber machte TARTESSOS zu einer Art Eldorado des Altertums.

TARTESSOS ist als ein uraltes Kulturzentrum des Westens zu bezeichnen. Denn die hier bezeugte Kultur hat nirgends im Westen ihresgleichen gefunden; sie hat nur in den alten Kulturstaaten des Ostens eine Analogie (Übereinstimmung) und muss daher von dort stammen.

Adolf Schulten grub zwischen 1905 und 1911 in TARTESSOS, fand dabei aber nur die Ruinen einer eigenständigen Vorgängerkultur aus dem 26. bis 13. Jahrhundert v. Chr.

Das große Reich der Stadt TARTESSOS, das den ganzen Süden Spaniens umfasste, ist eine wunderbare geschichtliche Erscheinung. Es ist der älteste und einzige Stadtstaat des vorrömischen Westens; auch als solcher erinnert TARTESSOS an die alten Stadtreiche des Orients. Dieselben Stadtstaaten finden wir bei den TYRSENERN Italiens.

Besonders in der Geschichte der iberischen Halbinsel ist das Reich von TARTESSOS eine ganz vereinzelte Erscheinung. Es ist die einzige größere politische Bildung im alten Iberien und wie die hohe Kultur von TARTESSOS ein fremdes, östliches Element.

Die TURDETANER waren hochgebildet, sie bedienten sich der Schrift und besaßen aus alter Zeit Aufzeichnungen in Prosa (wohl

Annalen), Gedichte und Gesetze in poetischer Form, die nach ihrer Aussage 6000 Jahre alt gewesen wären (Eduard Meyer, »Geschichte des Altertums«, 2 II, 2, 105).

Die Dame von Elche
»Im August 1897 wurde in der spanischen Stadt Elche, dem antiken Ilici (Siedlungsbereich des Stammes der Contestani*), bei Nivellierungsarbeiten auf einer Obstplantage eine weibliche Büste entdeckt, die als Reina Mora (maurische Königin) besonderes Aufsehen erregte. Noch im gleichen Jahr wurde die Büste von dem französischen Archäologen Pierre Paris für den Louvre erworben, wo sie bis 1941 auch verblieb, um dann nach Spanien, in den Prado, zurückgeführt zu werden.

Abb. 18
Die Dame von Elche

Die singuläre Büstenform, die Aushöhlung auf dem Rücken (Dm. 18 cm, Tiefe 16 cm), aber vor allem der Kopf- und Halsschmuck warfen eine Vielzahl von Fragen auf und erweckten das Interesse an iberischer Kunst wieder.

Am Original konnten noch Reste von vielfarbiger Bemalung festgestellt werden, insbesondere Karminrot für die Lippen, die Haube und den Umhang.

Die Gesichtszüge sind überraschend individuell gestaltet: eine lange, schmale Nase, kurze Nasenflügel sowie fein konturierte und geschlossene Lippen. Darüber hinaus ist das Gesicht von einer leichten Asymmetrie, einem leicht vorgeschobenen Unterkiefer und schmalen Wangen mit hervortretenden Wangenknochen gekennzeichnet. Augenlider, die schwer über die Augen fallen und nur eine schmale Öffnung lassen, vermitteln den Eindruck eines unbestimmt in die Ferne gerichteten Blicks.

Über den Sinn der Eintiefung ist zunächst gerätselt worden. Doch ihre Erklärung scheint plausibel zu sein: Sie diente zur Aufnahme der Asche, womöglich der der in der Büste abgebildeten Toten selbst. Somit erklärt sich der individuelle Charakter des Gesichts. Mit dieser Interpretation wird auch die Annahme hinfällig, in der Dame eine Priesterin oder gar Göttin zu sehen. Letzteres passt auch gar nicht zu der religiösen Auffassung der Iberer; bis heute ist der Forschung nichts bekannt – außer Darstellungen von Opfernden und Votivgaben –, was in Verbindung mit Kultbildern oder Priesterdarstellungen zu bringen wäre. Götterbilder sind der iberischen Kunst zwar unbekannt, aber dennoch ist die Skulptur dieser Kultur fast ausschließlich von religiösen Vorstellungen geprägt, sei es in der Darstellung von Opfernden oder in Bezug auf Begräbnisriten.

Die zeitliche Einordnung erweist sich als sehr schwierig; die Kunst der Iberer kann noch immer nicht in ein klares zeitliches Raster eingefügt werden. Die mit der Büste entdeckten Beifunde, in erster Linie Keramikfragmente, können für eine Datierung nicht mehr herangezogen werden, da sie in alle Winde zerstreut worden sind. Auch spätere systematische Grabungen am Fundort helfen nicht weiter, da die Schichten von der punischen bis in römische Zeit zu datieren sind.

Stilistisch wurde die Dame von Elche kurz nach ihrer Auffindung in das Ende des 6. oder den Anfang des 5. Jhs. v. Chr. (Archaische Zeit) datiert. Ausschlaggebend für diesen zeitlichen Ansatz waren beispielsweise die starken Zickzackfalten des Gewandes. Diese aus der griechischen Mode und Kunst der Archaischen Zeit bekannten Charakteristika sind nach und nach in die Kunst der iberischen Halbinsel aufgenommen worden. Die Übernahme klassisch-griechischer Kunst und Formensprache durch die einheimische spanische Bevölkerung geht auf Handelsbeziehungen zurück, die die Punier und Griechen schon früh mit der iberischen Halbinsel und besonders mit der Levante-Küste (Ostküste Spaniens) unterhielten. Handelszentren wie Emporion und Sagunt verhandelten zwischen griechischen Kolonisten und den Iberern neben Gebrauchsgütern auch Kunstwerke aus Griechenland und förderten so auch einen geistigen Gedanken- und Ideenaustausch. Erst in den 1950er Jahren nahm man sich der Datierungsfrage der Dame von Elche wieder an, nachdem man genauere Vorstellungen vom zeitlichen Raster der iberischen Kunst bekommen hatte; Vergleichsstücke und iberische Inschriften fallen in die Zeit vom 4. Jh. v. Chr. bis zur römischen Besetzung bzw. in die frühe Kaiserzeit. Der Südosten der iberischen Halbinsel gilt als die Keimzelle der iberischen Kunst, was sich in seiner enormen Funddichte und Formenvielfalt ausdrückt. Gerade der Raum um Elche und Alicante sticht durch die besondere Qualität seiner Kunsterzeugnisse hervor, unter denen nicht nur Skulpturen zu nennen sind, sondern auch Keramik mit hervorragender Dekoration.«

Im Siedlungsgebiet der CONTESTANI herrschte um das Jahr 206 v. Chr. die Familie des Fürsten CORBIS, (s. Einführung).

Eine Inschrift enthält den Vermerk auf eine Stadt mit Namen CORUNA im Nordwesten Spaniens.

In diesem Raum gab und gibt es eine große Anzahl von Orten, Bergen und Gebirgen mit dem Namen CORBIO oder ähnliche Varianten.

Es steht daher außer Frage, dass die KORYBANTEN bzw. deren Nachkommen aus dem Südwesten Spaniens nach Nordosten und, wie weitere Namen erkennen lassen, von dort nach Osten entlang der Küste weitergezogen waren.

Die Sierra de la CARBA westlich von CORUNA, die Orte CARBELLADO nördlich von Orense, CARBALLINO nordwestlich von Orense, CARBALLO südwestlich von CORUNA, CORBON am Rio Sil (nördlich von Ponfeeradi), CORCUBION am Kap Finistere an der Atlantikküste sowie CORRUBEDO am gleichnamigen Kap an der äußersten Westküste Galiziens.

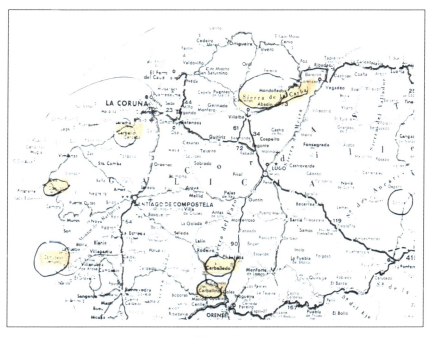

Karte 4

Andalusien erlebte mit Beginn des 2. Jahrtausends v. Chr. sein erstes goldenes Zeitalter. Die Voraussetzungen für diese Entwicklung begannen schon sehr früh, wie Adolf Schulten schreibt:

»Ich habe die Träger der ältesten spanischen Metallindustrie ›Vor-Tartessier‹ genannt, weil sie die Vorgänger der Tartessier waren und bereits eine bedeutende Metallindustrie hatten und Handel mit dem Norden führten. An der Küste hatten die Iberer sowohl bei Almeria wie auch im Südwesten, am Rio Tinto, den Bergbau eröffnet. Jene Vorgänger der Tartessier haben schon um 2500 v. Chr. die Metallindustrie nach Britannien gebracht, wohin sie das für ihre Industrie so wichtige Zinn gelockt hatte.«

Die KURETEN sind wahrscheinlich über Libyen, wo es im heutigen Golf von Tunis nahe dem antiken Karthago eine Stadt CORPIS gab, entlang der nordafrikanischen Küste über Gibraltar gezogen. Diese Route war in der Antike bekannt und könnte deshalb von den KURETEN benutzt worden sein, zumal die Stadt CORPIS (oder CARPIS) und die Küstenstadt CARABIS (östlich von CORPIS am Mittelmeer) sicherlich Gründungen der KURETEN waren.

Das heute noch CERBOLI genannte Inselchen zwischen der ligurischen Küstenregion bei Piombino und der Insel Elba sowie der Ort CARBOARA auf Sardinien waren vermutlich Zwischenstationen auf ihrem Weg zur iberischen Halbinsel.

Kapitel XIII

Die Ausbreitung nach FRANKREICH

Die Städtegründungen in Frankreich sind zum größten Teil auch heute noch erhalten. Es sind die bei Narbonne in Südfrankreich gelegenen Orte DUBRAN-CORBIERES und LEZIGNAN-CORBIERES sowie das Weinanbaugebiet CORBIERES, bekannt für seine erlesenen Weine. Die bedeutendste Siedlung der KORYBANTEN war zweifellos die alte Handelsstadt an der Loiremündung, CORBILON, das auch CORBIO geschrieben wurde. Das heutige NANTES, damals NAMNETES, liegt nordöstlich von CORBILON.

CORBILON, auch mit »K« wie auf der Karte geschrieben, das heutige ST. NAZAIRE, war Hafen und Handelsstützpunkt der Seefahrer, die zu den Zinnminen von CORNWALL in England segelten.

Über die Bedeutung der Stadt gibt es einen vielsagenden Hinweis: Der römische Feldherr Scipio und später auch Caesar befragten die Bewohner Marseilles, ob sie wüssten, wo die Zinngruben in England lägen. Marseille (damals Massalia) hatte enge Handelskontakte mit CORBILON. Die Bewohner bedauerten, keine schlüssige Antwort geben zu können; sie wüssten es selbst nicht. Sie erklärten, dass diejenigen, die etwas in CORBILON zu sagen hätten, ihr Geheimnis streng hüteten.

Ein zweites CORBIO lag bei Nevers, etwa am Mittellauf der Loire. Vermutlich wurde es gegründet, als die KORYBANTEN auf ihrem Wege nach Norden entlang der Loire dort einen Stützpunkt oder einen kleinen Territorialstaat schufen. Der heutige kleine Flecken CORBIO bei Bouillon Neufchâteau an der belgisch-französischen Grenze war sicherlich auch eine Gründung der KORYBANTEN bzw. ihrer Nachfahren.

CORBIE (nahe Amiens), CARBONNE (an der Garonne, südwestlich von Toulouse) und schließlich CORBEIL (südlich des Pariser Flughafens Orly) könnten dagegen auf spätere Gründungen, möglicherweise durch Feudalherren, zurückgehen.

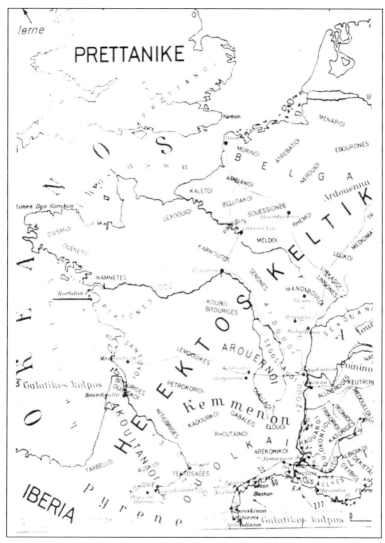

Karte 5

In dem kleinen Ort CORBIE, 15 Kilometer östlich von Amiens an der Somme, ließ die fränkische Königin Balthilde, Witwe des Frankenkönigs Chlodwig II., gemeinsam mit ihrem Sohn, König Chlodwig III., in den Jahren 657–661 n. Chr. die Abtei CORBIE erbauen. Da die kleine Stadt sich erst nach dem Bau der Abtei durch Ansiedlung von Pilgern und kleinen Geschäftsleuten entwickelte, könnte der Name Hinweis dafür sein, dass früher dort eine gleichnamige Stadt gestanden haben mag. Der Name der Abtei könnte aber auch aus einem anderen Grunde gewählt worden sein. Der Gemahl der Balthilde, König Chlodwig II., hatte in einer Schlacht einen anderen Frankenkönig mit Namen Theoderich besiegt. Chlodwig nahm dessen Söhne gefangen und ließ sie kurz darauf umbringen.

Einer der Söhne hieß CORBUS und war erst sieben Jahre alt, als er getötet wurde. Vielleicht nannte Balthilde die Abtei nach diesem kleinen Prinzen als eine Art Sühne für den Mord ihres Gatten an einem Kinde.

Balthilde †680

Wahrscheinlich kam die kleine Angelsächsin schon als Kind in Kriegsgefangenschaft, vielleicht wurde sie auch von Seeräubern entführt; jedenfalls kaufte sie der fränkische Majordomus Erchinald um billiges Geld und machte sie in Paris zu seiner Mundschenkin. Balthilde verstand es, den Werbungen Erchinalds auszuweichen. Als aber der kaum dem Knabenalter entwachsene Merowinger Chlodwig II. den fränkisch-merowingischen Thron bestieg, ließ sie sich überreden, seine Gemahlin zu werden. Nun begann das Martyrium einer glücklicherweise nur kurzen Ehe. Chlodwig starb bereits mit 23 Jahren in geistiger Umnachtung, Folge zügelloser Ausschweifungen. Sein Tod brachte der jungen Königin die entscheidende Lebenswende, sie wandte sich ganz den sozialen Aufgaben zu. Als regierende Königin erließ sie Gesetze, um das schreckliche Los der Sklaven zu lindern und den brutalen Verkauf der Kriegsgefangenen zu unterbinden, der althergebrachte

Stammessitte war. Scharen von gefangenen oder verschleppten Römern, Galliern, Sachsen und Mauren wurden von ihr befreit, in den Klöstern erzogen oder als human behandelte Helfer auf ihre Güter verteilt. Ihr Bild ist in die Geschichtsschreibung eingegangen. Balthilde wurde nach ihrem Tode als Heilige verehrt.

In der Karolingerzeit war CORBIE ein wichtiges Königskloster. Seine Bibliothek und sein Skriptorium (Schreibstube) hatten große kulturelle Bedeutung.

ADALHARD (Abt von CORBIE, Heiliger, * 750 als Sohn Bernhards, des Stiefbruders von König Pippin, † 2.1.826) war ein Vetter Karls des Großen und wurde bei Hof erzogen, trat aber um 770 in das Benediktinerkloster CORBIE ein und wurde um 775 vom König zum Abt ernannt. Er gab seinem Kloster eine neue Satzung und förderte die Gründung von Diözesanschulen zur Vorbildung des Klerus.

Der Abt von CORBIE gründete von CORBIE aus das westfälische Kloster CORVEY, das ursprünglich CORBEIA NOVA (Neu-CORBIE) genannt wurde.

Mit seinem Bruder Wala übte Adalhard wachsenden Einfluss auf die Regierung aus, wurde aber 814 nach der Thronbesteigung Ludwigs des Frommen, weil man ihn der Mitschuld an der Empörung Bernhards beschuldigte, seiner Würden entsetzt, seiner Güter beraubt und in das Kloster St. Philibert (Noirmoutier) auf der Insel Heri an der Loiremündung verbannt. Nach sieben Jahren durfte er nach CORBIE zurückkehren und wurde wieder in seine Würden eingesetzt.

Dem Sagenkreis um Karl den Großen, allerdings ohne geschichtliche Grundlage, gehören die von Quint herausgegebene mitteldeutsche Fassung des »Karl und Elegast« (646) und die von Hämel (647) behandelte Rolandlegende an, nach der Adalhard-Genesius von Corbie in CARTAGENA begraben und dort von seinem angeblichen Bruder Roland gesucht und gefunden worden sein soll.

Wenn es auch nur eine Legende ist, dass ADALHARD ausgerechnet in CARTAGENA begraben sein soll, so ist es durchaus möglich, dass auch hier verwandtschaftliche Beziehungen zwischen dem Abt von CORBIE aus Frankreich und den Nachkommen der Fürstenfamilie in Spanien bestanden haben könnten. Auch der Name des fränkischen Königssohnes CORBUS gibt Anlass zu vermuten, dass die Abstammung dieses fränkischen Königshauses ursprünglich auf sie zurückzuführen ist.

Das Kloster CORBIE beherbergte viele sächsische Knaben, die als Geiseln ausgeliefert waren und dort christlich erzogen wurden. ADALHARD und sein Bruder WALA waren selbst durch ihre Mutter mit sächsischen Edelingen verwandt und von dem Wunsche beseelt, dort das Christentum zu fördern. So stifteten sie als erstes Kloster in Westfalen das Nachfolgekloster Corvey.

Karte 6

Südöstlich von CARCASSONNE und südwestlich von NARBONNE zieht sich
die Bergkette LES CORBIERES von Südwesten nach Nordosten. Am unteren
Kartenausschnitt rechts liegt der französische Grenzort CERBERE.

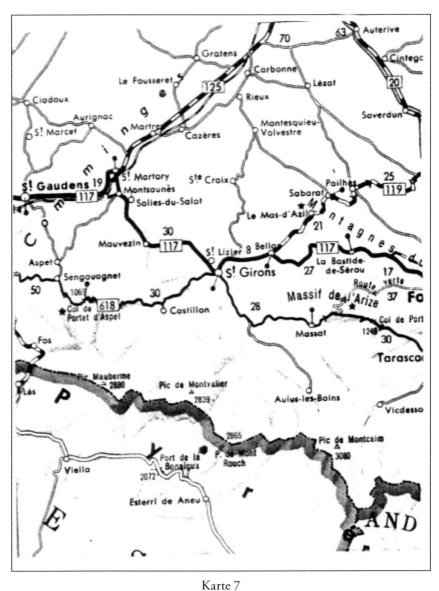

Karte 7

Etwa in der oberen Mitte erkennt man die Stadt CARBONNE an der Garonne.

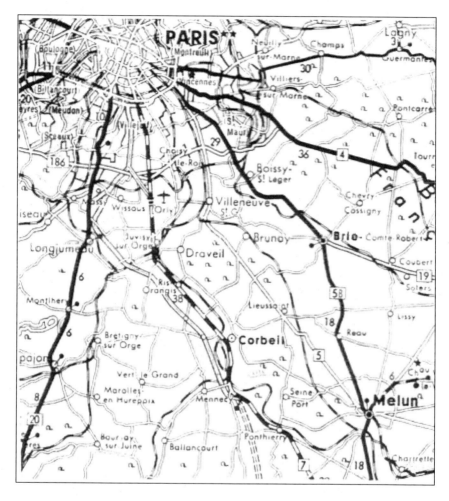

Karte 8

Südöstlich von Paris liegt die Stadt CORBEIL.

Erwähnenswert ist noch das Dominikanerkloster CORBARA auf der Insel KORSIKA. Es liegt nördlich unterhalb des Ortes Antonio und westlich der Hafenstadt Calvi.

Kapitel XIV

Die Ausbreitung nach BRITANNIEN

Die Geschichte Britanniens ist insofern interessant, als sie Namen von Königen, Landschaften und Städten enthält, die eindeutige Nachweise für die Besiedlung der Insel durch die Nachfahren der KORYBANTEN bzw. Kureten sind.

Diese Feststellung ist für den geschichtlichen Existenznachweis der KURETEN von größter Bedeutung, denn er befreit sie von ihrer mythischen Herkunftstheorie. Der karthagische Seefahrer Himilkon, dessen Berichte den Fragmenten des Avianus zugrunde lagen, bezeichnete Britannien noch als „insula Albiorum". Im 1. Jahrhundert v. Chr. prägte Caesar den Namen „Prettania".

In seiner „Historia regum Britanniae" (um 1135) berichtete Geoffrey von Monmouth über Einzelheiten aus dem Leben britischer Könige. Diese Details waren zum Teil aus sagenhaften Überlieferungen zusammengefügt und entsprachen nicht immer der historischen Wahrheit. Doch die Namen und ihre Einbindung in geschichtliche Vorgänge lassen eine Entwicklung erkennen, die sicherlich in ihren Grundzügen auf tatsächliche Ereignisse zurückzuführen ist. Monmouth sagte, dass er von einem Erzdiakon aus Oxford namens Walter ein sehr altes Buch in britischer Sprache bekommen hätte, das über alle als historisch zu wertende Begebenheiten von BRUTE (auch BRUTUS) bis CADWALLADER in richtiger Reihenfolge berichtete.

Die Herkunft dieses BRUTE reicht danach zurück bis zu AENEAS, dem Trojaner, der nach dem Trojanischen Krieg nach Italien entkam und dort schließlich König von Lavinium (Laurentium, antike Stadt der Laurentier in Latium, Italien) wurde. AENEAS' Sohn ASCANIUS soll der Stammvater der römischen JULIER gewesen sein.

BRUTUS tötete ohne Absicht während der Jagd seinen Vater mit einem Bogenschuss. Er wurde aus Italien vertrieben und ging zunächst nach Griechenland zurück. Dort gewann er durch Tapferkeit und Fairness bei den Nachfahren der Überlebenden des Trojanischen Krieges Ansehen und Respekt. Nach einem erzwungenen Abkommen mit dem griechischen König PANDRADUS erhielt er Schiffe, Proviant und Waffen und fuhr mit jenen Nachfahren als deren neuer König nach Westen.

Über mehrere Zwischenstationen gelangten sie nach Mauritania, der antiken Landschaft im Nordwesten Afrikas (heute Marokko). Nach Überquerung der Straße von Gibraltar erreichten sie das Tyrrhenische Meer (die Atlantikküste vor Tartessos). Hier trafen sie Menschen, die vor vier Generationen aus Griechenland gekommen waren. Ihr Führer, Herzog CORINEUS, und seine Leute schlossen sich BRUTUS an, und man segelte bis zur Mündung der Loire an der Atlantikküste Frankreichs.

BRUTE und CORINEUS gingen mit ihren Leuten an Land und durchstreiften sieben Tage lang das Königreich von Aquitanien. König Goffarius PICTUS aber duldete ohne seine Erlaubnis keine Fremden in seinem Lande, und so kam es zu heftigen Kämpfen. Nach einer blutigen Schlacht bei der Stadt Tours sahen sich BRUTE und CORINEUS gezwungen, das Land wieder zu verlassen. Sie segelten weiter und erreichten schließlich die Küste der britischen Insel, die zu dieser Zeit noch unter dem Namen ALBION bekannt, aber kaum bewohnt war.

BRUTE teilte das Land unter seinen Führern auf. Er selbst nannte das Land nun Britannien und seine Gefolgsleute Briten; beides Ableitungen aus seinem Namen.

CORINEUS nannte den Teil des Landes, den er sich ausgesucht hatte, CORNWALL und seine Leute CORNISHMEN.

LOCRINE, der Sohn BRUTES, heiratete die Tochter des CORINEUS, GWENDOLEN. Aber LOCRINE fand auch Gefallen an der schönen Tochter eines germanischen Königs; sie hieß ISTRILDIS.

Nach CORINEUS' Tod verstieß LOCRINE seine Gemahlin GWENDOLEN und erhob ISTRILDIS zur Königin und seiner Gemahlin.

GWENDOLEN zog sich nach CORNWALL zurück, sammelte die wehrtüchtigen Männer ihres Stammes und zog gegen LOCRINE, um sich für die erlittene Schmach zu rächen. Nachdem LOCRINE durch einen Pfeilschuss getötet worden war, bestieg GWENDOLEN den britischen Thron und regierte ganz Britannien.

Das war zu HOMERS Zeit, der zwischen 750 und 650 v. Chr. in Griechenland lebte und seine Werke verfasste. Man kann daraus entnehmen, dass GWENDOLEN etwa um 600 v. Chr. regierte. Ihr folgten ihr Sohn MADDEN und diesem dessen Söhne MEMPHRICIUS und MALIM auf den Thron.

EBRAUCUS, Sohn des MEMPHRICIUS, folgte seinem Vater und regierte das Land zu der Zeit, als der Judenkönig DAVID gelebt haben soll. Hier entstand eine erhebliche Diskrepanz zwischen den angegebenen Daten. Nach heutigem Erkenntnisstand lebte David um 1000 v. Chr. Man kann nur annehmen, dass beider geschichtliche Daten zu ihrer Zeit nicht exakt bekannt waren und man nur Vermutungen anstellte.

Aus der Geschichte Britanniens ergibt sich, dass CORINEUS' Tochter GWENDOLEN und ihr Sohn MADDEN sein Geschlecht auf den britischen Thron geführt hatten, so dass alle folgenden Könige aus dem Hause CORINEUS stammten. Wenn auch CORINEUS als Gestalt der sagenhaften Überlieferungen wie alle nicht historisch belegten Herrscher Britanniens einzuordnen ist, vermag niemand ihre geschichtliche Existenz ernsthaft in Zweifel zu ziehen. Die Namen allein können die unsicheren Daten zu Fakten werden lassen. So hat zum Beispiel die Stadt Leicester in Mittelengland, die früher CORITANORUM hieß, ihren Namen von ihren Gründern, ob Person oder Volksstamm, erhalten.

Die Namen der Städte auf den folgenden Karten lassen keine Zweifel an ihren Gründern. Damit erhält Geoffrey von Monmouths Bericht historische Bedeutung. Die Erzählungen über die Taten und Schicksale der Könige mögen durch die Überlieferung verändert, ergänzt, auch übertrieben worden sein; sie sind mehr oder weniger für die Geschichte der Namen von nur geringem Interesse.

Die Zinngruben in CORNWALL und Mittelengland waren schon in der Antike berühmt und seit dem 6. Jahrhundert v. Chr. durch den indirekten Handel (Corbilon an der Loire) mit den Karthagern bekannt.

Das Dorf CARBIS BAY innerhalb der großen Bucht von ST. IVES an der Nordküste CORNWALLS bestätigt durch seinen Namen die These, dass hier CORYBANTIIEN – wahrscheinlich unter CORINEUS – gelandet sind.

Unterhalb von CORITANORUM, das übersetzt „Stadt der CORITANER" bedeutet, lag die Stadt CORINIUM an der Tamesis (Themse), die zweifellos von CORINEUS gegründet wurde. Gäbe es diese Namen nicht, blieben die Geschichte der britischen Könige und ihre Namen im Dunkel einer nicht überprüfbaren Vergangenheit für immer verborgen.

Karte 9

Wie auf der Karte ersichtlich, ist das Gebiet der KORITANER (Nachfahren
der KORYBANTEN) in Mittelengland verzeichnet. Ob auch die CORNOVI,
die westlich der CORITANER siedelten, sowie die CAERENI zu den Völkern
gerechnet werden können, die mit den CORITANERN bzw. KORYBANTEN
ins Land kamen, ist wahrscheinlich, aber nicht gesichert.

König GORBONIAN aus dem Geschlecht des CORINEUS war der älteste Sohn von Morvid. Morvid soll ein sehr grausamer König gewesen sein. Nach dessen Tod wurde GORBONIAN sein Nachfolger. Von ihm wurde berichtet, dass er wie kein anderer König vor ihm das britische Volk regiert hätte. Er achtete mit äußerster Sorgfalt auf die Einhaltung von Recht und Ordnung zum Wohle der Menschen in seinem Reiche. Die Heiligtümer wurden unter seiner Regierung restauriert, und neue wurden erbaut. So führte er sein Land zu einer Blüte, die in anderen Ländern unbekannt war. Dank seines Verständnisses für die Sorgen und Nöte seiner Untertanen wurde er von ihnen geliebt und hoch verehrt.

Nach Geoffrey von Monmouth zeichnete sich GORBONIANS Herrschaft durch seinen Sinn für Gerechtigkeit und Fairness aus. Die Anbetung und Verehrung der Götter stand im Vordergrund. Sein Königreich war das wohlhabendste seiner Zeit. Er förderte die Arbeit der Bauern auf dem Land und schützte sie vor Übergriffen der Herren. Er sorgte für den Wohlstand seiner Krieger, so dass Geld nicht zum Grund für Gewalt und Aggression wurde. GORBONIAN liegt in London begraben.

Als die KORYBANTEN oder KORITANER vom alten CORBILON, an der Loiremündung, nach England zogen, um die Zinnminen in CORNWALL auszubeuten, landeten sie vermutlich in der Bucht von St. Ives.

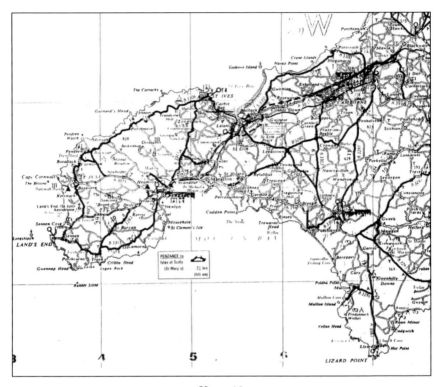

Karte 10

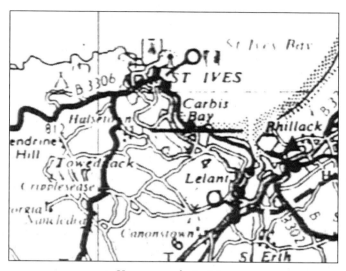

Kartenausschnitt 10 a

Dieser Ausschnitt zeigt die Bucht von St. Ives und das Dorf Carbis Bay.

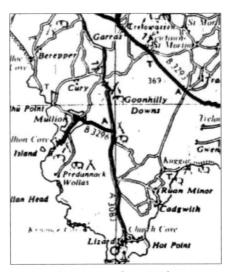

Kartenausschnitt 10 b

Etwa in der Mitte links sieht man die Stadt CURY, am untersten Zipfel rechts
zeigt die Karte einen Eintrag „Church CORE".

Kartenausschnitt 10 c

Links oben die Region Cornwall, am rechten Kartenrand sieht man die Stadt
KERRIS.

Insbesondere die erzreichen Gegenden wurden von den CORITA-NERN besiedelt. Nur ihnen waren der Erzabbau und seine Verarbeitung bekannt. Sie wussten ihre Kenntnisse und Erfahrungen sorgfältig vor fremder Neugierde zu schützen. Die CYREDONES, ein Stamm an der Westküste Schottlands, dürften ein Teil der Volksgruppe der CORITANER oder eines ähnlichen, verwandten Stammes gewesen sein. Alle Volksstämme kamen aus dem südwestlichen Spanien, wo die KURETEN schon seit dem 4. Jahrtausend v. Chr. in der erzreichen Sierra die Gewinnung von Zinn und Silber betrieben.

In seiner um 1135 veröffentlichten „Historia Regum Britanniae" berichtet Geoffrey von Monmouth über die Besiedlung der kaum bewohnten britischen Inseln durch griechische Stämme. Sie kamen aus dem Süden der iberischen Halbinsel und wanderten entlang der französischen Westküste Gauls bis zur ehemaligen Hafenstadt COR-BILON (heute Nazaire). Von dort fuhren sie mit dem Schiff nach Britannien.

Wenn Geoffrey von Monmouths Angaben stimmen, begann die Besiedlung Anfang des 8. Jahrhunderts v. Chr. Die bedeutenden Zinnvorkommen in Cornwall waren aber vermutlich schon den Kretern bekannt. Man nimmt sogar an, dass bereits die Phönizier auf ihren Fahrten die sogenannten Kassiteriden (Zinninseln) erreicht haben. Tartessos, die Stadt der Tyrsener, bezog jedenfalls schon Zinn aus Britannien. Demnach mussten die Zinntransporte nach Tartessos bereits um das Jahr 1000 v. Chr. stattgefunden haben. Der auf Kreta gefundene, bereits erwähnte spanische Kupferdolch aus dem 3. Jahrtausend v. Chr. lässt vermuten, dass die KURETEN/KORYBANTEN, denen die früheste Kunst der Metallverarbeitung zugeschrieben wird, die Zinnvorkommen in Britannien schon lange vorher kannten und auch genutzt haben.

Mit diesem Kapitel wäre die Erschließung der westeuropäischen Länder als Folge der durch das elamische Erbfolgegesetz diktierten Ausbreitung abgeschlossen.

Das Vermächtnis, das den Königssöhnen aufgegeben worden war, nämlich die unterentwickelten Völker mit ihren Kenntnissen in das Zeitalter der Zivilisation zu führen, hatten sie erfüllt.

Die Idee, die Menschen ohne Unterdrückung und Vernichtung in geordnete Organisationssysteme in Form von Territorialstaaten und damit zu einem besseren Leben zu führen, scheiterte allerdings an der menschlichen Arroganz gegenüber dem Guten.

Erläuterungen

Zu Kapitel I: Der Thronfolgestreit

Dazu sei angemerkt, dass sich CORBIS in römischen Diensten befand. Der Anlass zu diesem Zweikampf entsprach keinesfalls den Gepflogenheiten dynastischer Erbansprüche. In der Regel übernahm stets der erstgeborene Sohn – in einigen Fällen die Tochter – die jeweilige Regentschaft. Im Falle des iberischen Fürstentums wurde nur die Thronfolge anders geregelt, der jüngere Bruder des Erblassers wurde sein Nachfolger. Diese Form der Nachfolgeregelung gab es mit einer Ausnahme nur im vorderasiatischen Königreich Elam, das im Südwesten des heutigen Iran gelegen war und bereits fast 500 Jahre vor dem Zweikampf in Nova Carthago im Jahre 646 v. Chr. unterging. Daraus folgt, dass beide Staaten nicht nur in enger verwandtschaftlicher Bindung standen, sondern aus einem gemeinsamen Volksstamm entstanden waren. Zum Verständnis der Sachlage sei darauf hingewiesen, dass der verstorbene Regent, der Vater des ORSUA, selbst der jüngere Bruder des Vaters des CORBIS war. Um weitere Informationen über die beiden Vettern und die Erbfolge zu erhalten, versuchte ich zunächst in der iberisch-spanischen Literatur nähere Details über die Familie des CORBIS zu erfahren. Aber dort gab es nur den lapidaren Vermerk, dass der Zweikampf wie auch die Namen CORBIS und ORSUA bekannt seien, aber sonst gäbe es keine weiterführenden Informationen.

Hübner hielt IDIENSIS für identisch mit der bei Livius (XXVIII, 21, 6) genannten Stadt IDEM, um die Fürst CORBIS mit seinem Vetter ORSUA im Jahre 206 v. Chr. kämpfte.

Zu Kapitel VIII: Das geheimnisvolle Reich von Elam

Die Vorgeschichte ist die schriftlose Phase der Menschheitsgeschichte. Sie liegt zeitlich vor der Frühgeschichte. Diese bezeichnet meist die Übergangsphase zwischen der Vorgeschichte und der Antike.

Iran ist eine der wichtigsten Kulturlandschaften des alten Vorderen Orients. Seit frühesten Anfängen hat diese Region ganz entscheidende Beiträge zur allgemeinen kulturgeschichtlichen Entwicklung geliefert. Von hier gingen wichtige Impulse aus, gleichzeitig trafen in diesem Gebiet aus allen Richtungen entscheidende Einflüsse zusammen, die begierig aufgenommen, verarbeitet und mit einer eigenständigen Prägung versehen wurden.

Im 11./10. Jahrtausend v. Chr. wanderte ein im Kaukasus lebender Volksstamm über einen der Pässe, der nach Süden zu den Uferzonen des Kaukasischen Meeres oder in eines der Längstäler des Zagrosgebirge führte. Vermutlich wanderte ein anderer Teil des Stammes über einen dritten der Kaukasuspässe in Richtung Armenien und Anatolien.

In der historischen Landschaft von Elam haben wissenschaftlich ausgewertete Funde ergeben, dass dort bereits im 9. Jahrtausend v. Chr. neolithische Besiedlungen stattgefunden haben. Die Funde bestätigen auch, dass in den Wohnhöhlen oberhalb der Flusstäler die altsteinzeitlichen Typen der Neandertaler und danach die der Aurignacien gelebt haben.

Vorderasien (Südwestasien) ist die zusammenfassende Bezeichnung für die Länder Türkei, Zypern, Libanon, Israel, Jordanien, Syrien, Irak, Iran und die der arabischen Halbinsel.

Das frühere Mesopotamien (Zweistromland zwischen Euphrat und Tigris) gehört heute zu Syrien und dem Irak. Der Zagros, heute Sagros geschrieben, ist das an der Südwestgrenze Irans liegende Randgebirge, das sich von Nordwesten nach Südosten zieht.

Aus frühen Siedlungen hatten sich in Elam etwa seit dem 9. Jahrtausend v. Chr. die ersten Territorialstaaten herausgebildet. Jahrtausende später entstanden im vorderasiatischen Raum Großreiche:

- das Reich von Babylon, das seit dem 4. Jahrtausend von den Sumerern getragen wurde
- das Reich von Elam, das seit etwa 2700 v. Chr. bestand
- das Reich von Akkad in Mesopotamien, das sein König Sargon um 2350 v. Chr. zum ersten semitischen Großreich formte
- das Reich der Hethiter, die um 2000 v. Chr. nach Kleinasien eindrangen
- das mächtige Reich von Mitanni, das die Choriter (siehe Anhang) mit einer Oberschicht von Ariern um 1500 v. Chr. gründeten

Die historische Zeit begann in Vorderasien etwa ab dem 4./3. Jahrtausend v. Chr. mit schriftlichen Nachweisen, die über die Existenz von Königen und ihrer Bauwerke berichten. Den aus dieser Zeit stammenden Texten über kriegerische Auseinandersetzungen gingen Ereignisse voraus, die diese erst ermöglicht haben. Sie sind somit Zeugnis einer Geschichte, die schon lange vor der historischen Zeit stattgefunden hat. George Cameron schrieb in seinem Buch »History of Early Iran«: »Wir lernen von den auf Ton eingebrannten Dokumenten in Susa, die in proto-elamitischer Schrift geschrieben sind, dass die Metropole schon lange vor ihrer historischen Zeit eine lokale Geschichte hatte.

Allerdings war ihr politisches Schicksal unauflösbar mit der Stadt Awan verbunden, wo um 2670 v. Chr. die Regierung einer Dynastie von zwölf Königen begann. Sie wurde von einem Peli genannten König begründet. [...] Wenn man Namen glauben kann, waren alle seine direkten Nachfolger reine Elamiter.«

Frühestens im 6. Jahrtausend v. Chr. wurde Griechenland von Vorderasien aus in den neolithischen Kulturbereich einbezogen und übernahm viele seiner Elemente.

Bezeichnend für die Gottesvorstellung der Griechen war die Übertragung menschlicher Eigenschaften und Verhaltensweisen auf nicht menschliche Dinge und Wesen.

So gesehen könnte man annehmen, dass die griechischen Götter die Eigenschaften früherer hoch angesehener Persönlichkeiten sowie überlieferte Episoden aus längst vergangener Zeit – wie Herodot sagte: »abgesunkener Geschichte« – widerspiegeln. Demzufolge wäre es nur eine Frage der Auslegung, menschliche Handlungen in einen göttlichen Rahmen zu setzen.

Susa, die ehemalige Hauptstadt von Elam, kann niemals alleine die Geheimnisse der elamischen Geschichte enthüllen, wie George Cameron meinte. Die Elamer waren Hochländer, und während vieler Epochen ihrer Geschichte spielte Susa nur eine geringe Rolle. Anshan war das Zentrum des Geschehens in der alten Geschichte Elams.

Das ursprüngliche Elam lag im Bergland. In sehr früher Zeit hieß das Land Anshan. Dies erscheint als rivalisierender Name gegenüber dem späteren Namen Elam, der dem Land gegeben wurde, als das Flachland der Susiana mit der Hauptstadt Susa hinzukam.

Nach vorliegenden Quellen waren die Elamer unbekannter Herkunft und Kultur. In den Bergen lebte eine arisch-weiße Bevölkerung, während die später sesshafte Bevölkerung um Susa negritisch-äthiopischen Ursprungs war. Schon Strabo und andere Historiker und Geographen unterschieden das flache Land der Susiana von den Berglandschaften, die man Cossia oder Kissia, Paraetakine, Mardia, Elymais und Uxias nannte.

Das Buch ESRA des Alten Testaments nannte ebenfalls zwei verschiedene Bevölkerungsgruppen: die dunkelhäutigen Susianer des Flachlandes um die Stadt Susa und eine weiße Bergbevölkerung. Das

Flachland um Susa wurde, wie man glaubt, schon in sehr früher Zeit von den afrikanischen Äthiopiern erobert und besiedelt.

Herodot glaubte, in Susa die Stadt des MEMMON, eines Äthiopierfürsten und Bundesgenossen der Trojaner zu erkennen. Nach der Überlieferung stammte dieser MEMMON von einer weißen Frau aus dem Gebirge und dem schwarzhäutigen trojanischen Prinzen TITHONOS (Gestalt der griechischen Mythologie und Geliebter der Göttin der Morgenröte, EOS) ab.

Strabo beschrieb die Susianer als eine schwarze Rasse, und Hesiod bezeichnet MEMMON als einen äthiopischen König.

Die Griechen nannten die Äthiopier die NANARIASKOS, d. h. Nichtarier.

Die zeitliche Differenz zwischen den jungen KORYBANTEN und den ORTHO-KORYBANTEN des Herodot beträgt fast 4000 Jahre.

Bei ihren Wanderungen auf der Suche nach Land zogen die KORYBANTEN von CORBIENE durch Mesopotamien, Armenien und Gesamt-Anatolien bis zur ägäischen Küste. In diesem großräumigen Gebiet ließen sie sich an vielen Stellen nieder und errichteten kleine Fürstentümer und Städte.

Die Namen der Städte, Landschaften und Personen zeugen von ihren Wanderungen lange vor Herodots Zeit.

Von Elam hat sich die Eisengewinnung und -verarbeitung im Laufe der Jahrhunderte bis zum 1. Jahrtausend v. Chr. über die von KORYBANTEN geführten Territorialstaaten verbreitet: im Osten bis Pakistan, im Süden bis Palästina und im Westen bis zum Ägäisraum.

Zu Kapitel IX: Das Thronfolgegesetz, seine Folgen und das Mutterrecht im alten Elam

Ein bei Ausgrabungen in der ehemaligen Hauptstadt Elams entdecktes uraltes Erbfolgegesetz der Elamiter, des wahrscheinlich ältesten Kulturvolkes, forderte vom Sohn des verstorbenen Regenten Konsequenzen von unvorstellbarer Härte. Er durfte seinem Vater nach dessen Tod nicht auf den Thron folgen, sondern musste in ein fremdes Land auswandern. Dort hatte er die schwierigste Aufgabe zu bewältigen, die einem noch jungen Mann aufgebürdet werden konnte: Er musste in dem Land, in das ihn das Schicksal führte, die dort angetroffene steinzeitliche Bevölkerung in die Zivilisation führen.

Mit dieser erzwungenen Auswanderung eines Teils der Bevölkerung – so der Sinn dieses eigenartigen Gesetzes – sollten wahrscheinlich die in Elam verbleibenden Menschen vor einer bevorstehenden Hungersnot bewahrt werden.

Wer immer zu dieser Zeit das Volk regierte, hatte wohl erkannt, dass die begrenzten Anbauflächen in den Flusstälern, die für den Ackerbau zur Verfügung standen, nicht für die Ernährung des ständig wachsenden Volkes ausreichen würden. Mit dieser durch Gesetz erzwungenen Auswanderungspolitik wurde ohne Frage eine dauerhafte Entlastung der Ernährungskapazität der Talebenen erreicht. Nach der diesem Gesetz zugrunde liegenden Zielsetzung musste immer wieder jeweils der Sohn eines verstorbenen Herrschers mit den erwachsenen Söhnen und Töchtern aus den von ihnen kultivierten Landschaften auswandern, sobald die Bevölkerung von Hungersnot und Überbevölkerung bedroht wurde. Dieses bevölkerungsregulierende Erbfolgegesetz setzte eine Rotation ohnegleichen über Jahrtausende in Gang. Die Prozedur wiederholte sich so lange, bis man gelernt hatte, Ackerböden zu rekultivieren.

Mit der Ausbreitung der Kulturtrift zur Ägäis gelangte die Zivilisation immer weiter nach Westen. Ab dem 8. Jahrhundert v. Chr. begann in den Randgebieten der Ägäis und Griechenlands die griechische Auswanderungswelle in die westlichen Mittelmeerländer.

Die in den Ausläufern der Berge wohnenden Menschen nannte man Daktyler (daktylos = Finger). Sophokles glaubte, dass die ersten Daktyler fünf Männer gewesen waren, die auch fünf Schwestern hatten. Diese für einen Stamm an sich niedrige Zahl entspricht den Vorstellungen, die man von den kleinen Gruppen hatte, die sich auf den Weg von Vorderasien in den Westen machten. Die ersten 100 Männer, die auf Kreta geboren wurden, seien ebenfalls idäische Daktyler gewesen. Sie hätten neun Kureten gezeugt, von denen jeder wieder zehn Söhne gezeugt haben soll. Wenn die Daktyler die biologischen Väter der Kureten waren, ist der Name »Daktyler« nicht der einer anderen Volksgruppe, sondern ein Attribut, das auf ihre Wohnsitze hinwies.

Kybele wurde von den Korybanten verehrt und stets als kleinasiatische Göttin angesehen. Es bereitete zunächst einiges Unbehagen, nachdem feststand, dass Kybele aus Asien stammte (siehe Rose, VII., S. 162). Die Korybanten oder Corybantier aus dem vorderasiatischen Land Elam (Iran) hatten anfangs nähere Verbindungen zur asiatischen Kybele, die vermutlich erst mit der vorderasiatischen Kulturtrift zur kleinasiatischen Göttin wurde. Kleinasien gehörte zwar auch zu Vorderasien, aber seine Menschen blieben bis zur Kulturtrift noch in altsteinzeitlichen Lebensformen gefangen. Ob diese Menschen die asiatische Kybele schon kannten, ist mehr als ungewiss. Übrigens lag Elam an der Grenze zu Asien und hatte schon lange vor den Wanderbewegungen nach Westen kulturelle und wirtschaftliche Kontakte zu den asiatischen Ländern. Berücksichtigen muss man jedoch, dass zur Epoche von Homer und Hesiod, die die mythischen Überlieferungen systematisierten und in genealogische Zusammenhänge brachten, die Namensbildung des Volksstammes längst vorbei war. Dies bezieht sich auf alle nachweisbaren Namen, die wie oben aus derselben Wurzel mit etymologischen Voraussetzungen gebildet wurden, die mein Vater in der antiken wie modernen Literatur feststellen konnte.

Resümee

Die in den vorangegangenen Kapiteln beschriebene Ausbreitung der Namen und die Ursachen ihres Entstehens lassen sich in folgenden Punkten zusammenfassen:

Die angeführten Namen sind historisch verbürgt und zum großen Teil als Ortsnamen noch heute in den genannten Ländern existent.

Soweit sich die Namen auf Personen beziehen, muss zwischen ihrer Bedeutung als einstmals real existierende Persönlichkeiten und als im Mythos überlieferte Gestalten unterschieden werden, ohne die Existenz Letzterer in Frage zu stellen.

Die kontinentale Verbreitung der Namen ist als logische Konsequenz der erwiesenen Kontinuität des elamitischen Erbfolgesystems zu werten. Die diesem System zugrunde liegende Pflicht zur Ausbreitung hatte allem Anschein nach im Bewusstsein der göttlichen Herkunft des Gründers (Korybas?) eines ersten territorialstaatlichen Gemeinwesens seine Wurzeln. Diese in strenger Rangordnung abgestufte göttliche Herkunftsdoktrin manifestierte sich in einem hierarchisch strukturierten Staatsgedanken, der den Königen alleine ihren »göttlichen Anspruch« zu sichern schien, um die Erde mit ihren Bewohnern zu beherrschen.

Auch hier gibt es Parallelen zur biblischen Geschichte, nach denen der Gott der Juden den ersten Menschen empfahl, sich die Erde untertan zu machen.

Dieser Staatsgedanke kann in der Verwendung der Namen für die Städte aller von den Korybanten gegründeten Territorialstaaten nachvollzogen werden. Sie konnten sich allerdings nur durchsetzen, solange ihre Überlegenheit gegenüber den noch primitiven Bevölkerungsgruppen anhielt.

Der Gedanke, Kore als Initiatorin dieser einmaligen Entwicklung anzusehen, ist das Resultat von Überlegungen, die sich aus der Zusammenschau einer Reihe von Faktoren ergeben haben.

Da sind zunächst die Namen, die auf Kore zurückzuführen sind. Der Name Corbiene steht phonetisch, aber auch grammatikalisch in Übereinstimmung mit dem Namen der Kore und dem ihres Sohnes Korybas.

Die dargestellte Interpretation der Verwendung und Ausbreitung der Namen als Grundsatz einer beabsichtigten und dann praktizierten Anwendung einer Staatsidee wurzelte in dem Erbfolgesystem des ältesten altorientalischen Volkes, der Elamiter.

Auffallend und ungewöhnlich bestätigt die »Vererbung« des Namens durch die Benennung vieler von den Elamitern gegründeter territorialer Hauptstädte, dass nicht eine lückenlose Genealogie ihrer Fürsten und Könige, sondern die Gemeinschaft der sich aus den Mitgliedern der königlichen Familie rekrutierenden Oberschicht die Weiterführung des Namens und ihrer Traditionen bestimmte.

Mit dieser erstaunlichen und ungewöhnlichen Konzeption, im Namen ihrer Städte den Ursprung ihres königlichen Geschlechtes als Vererbungsmerkmale zu instituieren, gelang es ihnen, ein Prinzip durchzusetzen, das von einzigartiger und hoher Intelligenz zeugte.

Seit frühen Zeiten bestimmten Familien, die sich innerhalb der jeweiligen Völker zu führenden Geschlechtern, auch unter Ausnutzung nicht immer legaler Mittel, emporgearbeitet hatten, ihre Geschlechtsfolge durch Verbindungen mit gleichblütigen und damit gleichwertigen Familien. Solange aber die vaterrechtliche Erbfolge den vermuteten leiblichen Sohn als Erbträger bestimmte, bestand ein nie auszuräumender Verdacht, dass der Erbfolger nicht unbedingt von dem vermeintlichen Vater gezeugt worden war.

Der Erbgang und die soziale Stellung in weiblicher Linie waren dagegen, dass das Kind einer Mutter auch untrüglich von ihr geboren wurde.

Ob der Vater tatsächlich aus dem Kreis der führenden Familie stammte, blieb nicht minder ungewiss.

Auf der Suche nach dem tieferen Sinn und Zweck der Namensverbreitung fand sich in der eigenartigen Herrschaftsfolge der Elamiter der sie verursachende Nachweis.

Aus den aus klassischer Zeit verfügbaren elamischen Dokumenten geht hervor, dass im Königreich von Elam nur die Brüder des Königs nach dessen Tod den Thron als Nachfolger besteigen konnten. Die Söhne waren somit von der direkten Erbfolge ausgeschlossen und mussten in fremde Länder ziehen, um dort selbst Königreiche nach ihrem überkommenen Muster zu installieren. Die Söhne, gebunden an das in ihrem religiösen Bewusstsein verwurzelte Vermächtnis, hatten die Pflicht, dieses Erbfolgegesetz wiederum ihren Söhnen aufzutragen.

Ein beredtes Beispiel für diese Erbfolgebestimmung des elamischen Königshauses war der Jahrtausende später lebende iberische Stammesfürst CORBIS des Territorialstaates Idem auf der iberischen Halbinsel im Jahre 206 v. Chr. Die Wiederholung dieser in der Tat ungewöhnlichen Erbfolgebestimmung als richtungweisende, politische und religiöse Staatsidee bestätigt, dass sie über Jahrtausende für die Nachkommen des Königshauses der alten Elamiter unverbrüchliche Pflicht gewesen war. Nur so ist es zu verstehen, dass die Ausbreitung der Namen des ersten Königs Korybas als Nachfolger seiner Mutter KORE als Folge immer wieder neu gegründeter Territorialstaaten sich in fast alle Länder der damals bekannten Welt vollzogen hat.

Dass es diese Namen während aller Jahrtausende gab und zum Teil heute noch gibt, kann in vielen enzyklopädischen Lexika, Atlanten und selbstverständlich in der Literatur nachgeprüft werden.

Es ist ja nicht neu, dass jede der jetzt lebenden Rassen des *Homo sapiens sapiens* Vorfahren hatte. Selbst unter Berücksichtigung, dass unzählige Familien aus vielerlei Gründen ausgestorben sind, nimmt die Bevölkerung der Erde von Jahr zu Jahr zu. Als überzeugendes Beispiel dient die Familie des iberischen Corbis. Von dieser Familie werden

Nach- ebenso Vorfahren nachgewiesen. Es ist selbstverständlich, dass man das nicht mit Geburts-, Heirats- und Sterbedaten rekonstruieren kann. Dazu war diese Familie im Ablauf der Weltgeschichte zu unbedeutend. Doch wenn Wurzel und Etymologie mehrerer Namen übereinstimmen, dürften keine Zweifel über ihre Zusammengehörigkeit aufkommen.

Wenn die Sprache nicht Ausdruck unseres Denkens, Wollens und Könnens wäre und man nicht vor ca. 5000 – 6000 Jahren nacheinander das Sumerisch-Babylonische und das Elamische erfunden hätte, wäre es kaum möglich gewesen, Namen in fast allen Ländern dieser Erde feststellen zu können. Und das ist das Entscheidende: Wenn ich versuche, zwischen vorgeschichtlichen Namen eine Brücke zu unseren heutigen Namen zu bauen, die in ihrer Gesamtheit aus derselben sprachwissenschaftlichen Wurzel gebildet wurden und, meinem Urteil nach, überwiegend über eine konforme Etymologie verfügen, hätte es nie einen Versuch gegeben, festzustellen, ob vorgeschichtliche Namen mit eindeutigen sprachwissenschaftlichen Kriterien ein Pendant (Ergänzungsstück) zu unseren heutigen Namen haben.

(Hans-Heinz Kürwitz)

Anmerkung:
Im vorliegenden Buch wurden nur die Länder Italien, Spanien, Frankreich und England berücksichtigt.

Dass jeder von uns Glied einer jahrtausendealten Kette ist, beschreibt der aus Estland stammende Dichter Otto Freiherr von Taube (1879–1973) in seinem »Soester Sonett«:

Soester Sonett

Otto Freiherr von Taube

Ich bin nicht ich, bin mehr als alle wähnen,
Bin meiner Väter, meiner Ahnen Blut,
Ich habe ihre Liebe, ihre Wut
In mir, ihr Werk und Wesen und ihr Sehnen;

Hab ihre Mühen in mir, ihre Tränen
Und ihre Lust, ihr Lachen, ihren Mut,
Hab ihr Versagen in mir, ihre Glut:
Ich bin nur das, was einstmals war in jenen.

Das bin ich. Weder weniger noch mehr.
Unschätzbar Gut ward so mir mitgegeben.
Wie ichs verwalte, das allein ist mein:

Gott schütz mich, dessen nicht mehr wert zu sein!
Und helfe mir in meinem kurzen Leben,
Dass ichs verwalte nach Gebühr und Ehr.

Anhang

Die Botschaft der Göttin (Erzählung)

Es war viele tausend Jahre vor Christi Geburt, als eine Göttin namens Kore an einem Fenster ihres Palastes stand, der auf einem Felsplateau erbaut worden war. Er steht heute noch, als Ruine am linken Ufer des durch die Stadt *Corbiene (Khorramabad)* fließenden Flusses.

Von wem, wann oder in welcher Absicht die Burg errichtet wurde, ist nicht bekannt.

Abb. 19

Die Lithographie zeigt Khorramabad, ehemals CORBIENE, mit der auf einem Felsplateau liegenden Burg. Dort befand sich vermutlich einst der Königssitz der Göttin Kore.

Kore blickte hinunter zum Fluss. Ihre Augen streiften entlang der Ufer, über fruchtbare Auen, die von steil ansteigenden Bergen begrenzt waren.

In der Ferne sah sie ihre beiden Söhne Korybas und Zagreus, als sie gerade auf eine Gruppe von Männern zugingen, die auf der anderen Seite des Flusses standen und sich offensichtlich mühten, Fische zu fangen.

Am Morgen hatte Kore ihren Söhnen aufgetragen, die Menschen, welche in dieser Gegend noch in Berghöhlen und Erdlöchern lebten, zu bewegen, sich am Rande der Felsen anzusiedeln. Man würde ihnen helfen, kleine Steinhäuser zu bauen, und auch sonst würde es ihnen an nichts fehlen. Sie hätten mehr Schutz vor den oft verheerenden Folgen der Unwetter und den Angriffen wilder Tiere.

Als die Brüder fast schon am Ufer angelangt waren, wurden sie von den Höhlenbewohnern bemerkt, es lag nur noch der Fluss zwischen ihnen. Diese erschraken, als sie die beiden Fürstensöhne sahen, und gingen einige Schritte zurück. »Das müssen die Götter sein«, flüsterte der eine und warf sich zu Boden. Die anderen rührten sich nicht.

Zagreus richtete den Mann wieder auf und versuchte den Fremden die Wünsche seiner Mutter zu erklären. Die Männer tuschelten untereinander und plötzlich waren sie wieder verschwunden.

Wenige Tage nach diesem Zusammentreffen fanden sich die Höhlenbewohner erneut am Flussufer ein. Sie hofften, dass vielleicht die Königssöhne wieder erscheinen würden.

Kore sah die Männer von ihrem Fenster aus. Sie rief Korybas zu sich, als er sich gerade auf den Weg zum Fluss machen wollte.

»Rufe deinen Bruder Zagreus«, sagte sie, »und wartet, denn ich werde heute zu den Menschen am Fluss gehen und selbst mit ihnen sprechen.«

Kore war noch einige Meter vom Flussufer entfernt, als sie von den Männern bemerkt wurde. Erstaunt blickten sie auf Kore. Diese Frau war eine Göttin, davon waren sie überzeugt.

Kore sprach zu ihnen, sie mögen nun aus ihren Höhlen ins Tal kommen, um eine kleine Stadt zu gründen, in der sie leben und arbeiten könnten. »Es wird euch an nichts mangeln, euer Leben wird besser werden, und mein Königshaus wird euch beschützen.«

Die Höhlenbewohner verstanden nicht alles, was ihnen die Göttin sagte, doch sie fassten Vertrauen zu der Priesterfürstin und ihren Söhnen. Sie ahnten, dass ihnen große Veränderungen bevorstehen würden, doch sie empfanden Hoffnung auf ein besseres Leben.

Aufgeregt winkten sie nun ihre Frauen und Kinder herbei, die sich ängstlich hinter den Felsen und Büschen versteckt hielten. Kore nickte ihnen freundlich zu und nahm eines der Kinder auf den Arm. Das Eis war gebrochen.

Korybas und Zagreus waren inzwischen ihrer Mutter gefolgt und zeigten den Männern die besten Plätze, wo mit dem Bau der neuen Siedlung begonnen werden konnte. Gleich am nächsten Tag wollte man Steine zusammentragen, die überall am Flussufer herumlagen.

Am Morgen darauf traf man sich wieder am Fluss. Die Königssöhne halfen den Männern beim Bau der neuen Steinhäuser, die Priesterinnen brachten zu essen und verarzteten die Wunden der Höhlenbewohner. Für die Kinder gab es süßen Honigkuchen.

Die Frauen besorgten zunächst die Anpflanzung von Wildgerste und die Versorgung der Kinder und Alten. Für die eingefangenen Wildziegen errichtete man kleine Anbauten.

Nach Zagreus' Anweisungen wurde mit der Vorratswirtschaft begonnen. Zu viel gefangene Fische wurden getrocknet und in einem kühlen unterirdischen Raum aufbewahrt. Kornspeicher wurden gebaut, und Zagreus lehrte die Menschen, wie man Wildtiere für den Fleischbedarf bejagt, ohne den Bestand gänzlich auszurotten.

Die Steinzeit war nun endgültig überwunden. Die Zivilisation hatte in diesem Bereich Vorderasiens ihren Anfang genommen.

Nach einiger Zeit waren weitere Familiensippen aus der näheren Umgebung hinzugezogen. So entstand im Bogen unterhalb des von Kore bewohnten Palastes allmählich eine Stadt – ein Fürstentum.

Als nächsten Schritt übertrugen die Brüder den ehemaligen Höhlenbewohnern verschiedene Aufgaben, die man als den Beginn des

Handwerks, des Bauerntums, aber auch anderer Berufe bezeichnen kann.

Korybas war für die Organisation aller Angelegenheiten innerhalb der wachsenden Stadt zuständig, während Kore als sittlich-religiöser Mittelpunkt und als Oberhaupt die Geschicke des Gemeinwesens mit kluger und geschickter Hand lenkte. Sie war in den Augen der Menschen die Göttin, die man mit Respekt und Ergebenheit verehrte.

Korybas suchte sich einige der jüngeren Männer aus, die ihm geeignet erschienen, eine Art Palastwache zu bilden, und schon bald entwickelten sie sich zu einer Ordnung hütenden und Schutz bietenden Truppe.

Abb. 20

Als Korybas sich entschloss, sie wehrhaft auszubilden, um sich gegen eventuell feindlich gesinnte Angreifer zur Wehr setzen zu können, stieß er auf heftigen Widerstand seiner Mutter. Kore mochte diese Art kriegerischen Gebarens nicht und versagte ihre Zustimmung. Ihre Vorstellung vom friedlichen Miteinander aller Menschen mit der Zielsetzung, allein durch Überzeugung und nur mit friedlichen Mitteln die Menschen zu zivilisieren, wurde zum Symbol ihrer Vorstellung eines frühen Humanismus.

Eines Tages stand die Priesterfürstin wieder an ihrem Fenster, sie beobachtete das rege Treiben in ihrem Fürstentum, in dem die Menschen geschäftig ihren verschiedenen Aufgaben nachgingen.

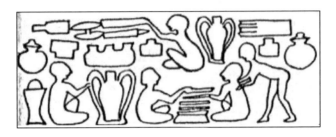

Abb. 21

Dieses Bild zeigt eine Werkstatt, in der Steingefäße hergestellt werden. Während einer die Henkel eines Kruges poliert, glätten andere Handwerker Platten, indem sie diese aneinanderreiben.

Ihr Blick suchte Korybas. Es war nun an der Zeit, ihm eine Braut zuzuführen, dachte Kore, damit ihr Geschlecht nicht aussterbe.

Der Königssohn ahnte die Gedanken seiner Mutter und gab ihr zu verstehen, dass ihm ein Mädchen der Ansiedler sehr gut gefalle. Von dieser Vorstellung aber wollte Kore nichts wissen. Sie lehnte ungehalten ab und bestand auf einer jungen Frau, die ihrem Geschlechte ebenbürtig war. Und Kores Wort war das Gesetz.

Korybas sollte seine Frau in einem weit entfernten Land suchen. Wo, sagte sie nicht. Sie sagte auch nicht, wer die junge Frau sein sollte. Nur sie wusste den Namen ihrer künftigen Schwiegertochter.

So machte sich Korybas mit einigen seiner Männer auf den Weg, um der Anweisung seiner Mutter Folge zu leisten.

Abb. 22

Man erblickt einen Zug von Andächtigen. Die Prozession führt über Treppenstufen herab zu der schmalen Plattform. Auf der Zeichnung ist ein gehörntes Götterpaar abgebildet, eine männliche Gottheit mit langem Bart. Ihr dient als Thronsessel eine zur Spule aufgerollte Schlange, mit der Linken hält sie ihren Kopf.

Einige Monate war die kleine Abordnung nun schon unterwegs, und nirgendwo hatten sie auch nur eine Menschenseele angetroffen. Die Tage wurden spürbar kürzer und kälter. Die Männer wurden unruhig und wollten wieder nach Hause. Auch Korybas fing an, an den Plänen seiner Mutter zu zweifeln.

Also entschlossen sie sich, am nächsten Morgen die Heimreise anzutreten.

Müde und erschöpft ließ sich Korybas auf sein Lager nieder, als er plötzlich in einiger Entfernung Rauchwolken aufsteigen sah. Aufgeregt rief er seine Männer, und sofort machten sie sich auf den Weg, denn dort mussten Menschen leben. Vorsichtig pirschten sie sich näher heran. Die Höhlenbewohner betrachteten die Fremden erst argwöhnisch, doch merkten sie nach kurzer Zeit, dass diese nicht in böser Absicht gekommen waren. Man gab ihnen Essen und bereitete ihnen ein Lager.

Am nächsten Tag waren alle ausgeruht und schöpften Mut, ihren Auftrag nun doch noch glücklich zu Ende bringen zu können. Korybas erzählte dem Sippenältesten seine Geschichte von der jungen Frau, die er finden müsse. Dieser schmunzelte in sich hinein und zeigte mit seinen knochigen Fingern auf eine kleine Anhöhe. »Da hinter dem Hügel wohnt eine Fremde, sie kam vor einiger Zeit in diese Gegend. Sie will auf jemanden warten, der sie abholen soll«, wusste der Alte. Das wird sie sein, dachte Korybas und wollte sich sogleich auf den Weg machen, doch der Alte hielt ihn freundlich zurück und meinte, die junge Frau käme jeden Tag um dieselbe Zeit und hole sich Wasser hier am Brunnen. Der Alte kicherte und trat von einem Bein aufs andere.

Also blieb Korybas ungeduldig wartend am Eingang der Höhle stehen und blickte in die Richtung des kleinen Hügels.

Plötzlich nahm ihn jemand an der Hand und führte ihn in die Höhle zurück. Die Frau sprach einige Worte zu dem alten Mann in einer fremden Sprache und verabschiedete sich von ihm. Es war Zeit zu gehen. Auch Korybas verabschiedete sich und dankte den Fremden für ihre Gastfreundlichkeit. Dem Sippenältesten aber, überreichte er sein Schwert, das mit wertvollen Edelsteinen besetzt war.

Alles geschah ohne viele Worte. Korybas half seiner Braut auf ein Pferd, und sogleich machten sie sich auf den Weg zurück in die Heimat. Sie ritten schon einige Zeit schweigend nebeneinander her, als Korybas seine Braut nach ihrem Namen fragte. Sie lächelte ihn an, sagte aber nichts zu ihm. Er überlegte, ob ihr Name wohl ein Geheimnis sei.

Niemand, weder die Zurückgebliebenen noch die Leute von Korybas, bemühte sich, über die eigenartigen Verflechtungen der offensichtlich zwangsläufig ablaufenden Geschehnisse nachzudenken. Man nahm sie als etwas Selbstverständliches hin. Die Menschen waren es nicht gewohnt, über die eben erst erlebte schicksalhafte Verquickung einer Zusammenführung Gleichartiger nachzudenken; man hatte sie nicht gelehrt, die Sprache als Ausdruck eines Frage-und-Antwort-Spiels zu nutzen. Darum konnte niemand diese eigenartige Entwicklung erklären noch mit Worten ausdrücken. Selbst Korybas, der Sohn einer Göttin, vermochte nicht den Hintergrund der mysteriösen Verflechtungen zu erkennen, die ihm die Braut zugeführt hatten. Irgendjemand verfügte über seine Schritte.

Er versuchte in seinen Erinnerungen einen Anhaltspunkt zu finden, der ihm helfen könnte, das Mysteriöse seiner Brautwahl zu verstehen.

Über all diese Fragen fiel Korybas in einen tiefen Schlaf. Er träumte von seiner Mutter. Er sah sie in ihrem Schlafgemach auf den Knien liegend im Gebet. Sie murmelte Worte, die er nicht verstand, doch ein Wort hörte er immer wieder: Kybele, Kybele. Er kannte dieses Wort nicht.

Als Korybas aus seinem Traum erwachte, stand er sogleich auf und trieb zur Eile an. Sie hatten noch einen weiten Weg vor sich.

Endlich kam die kleine Abordnung wieder in der Heimat an. Die Sonne stand hoch am Himmel, und aus der Ferne konnte man jetzt Kores Palast erkennen. Man hatte es geschafft, und sie hatten ihren Auftrag erfolgreich ausgeführt.

Im Palast war man schon auf die Ankunft der Heimkehrer vorbereitet. Die Priesterfürstin war froh, ihren Sohn wieder zu Hause zu haben. Ihre zukünftige Schwiegertochter aber begrüßte sie wie eine alte Bekannte. Plötzlich horchte Korybas auf. Kybele – das Wort, das er nicht kannte. Kybele war also ihr Name, der Name seiner zukünftigen Gemahlin.

Schon bald ging man daran, die Hochzeitsfeierlichkeiten vorzubereiten. Während dieser Zeit sah man Kore gemeinsam mit Kybele beinahe täglich im Garten des Palastes. Es schien, als hätten sie ein Geheimnis, in das niemand eingeweiht war, auch nicht er, der Königssohn.

Der Tag der Hochzeit war gekommen.

Kore saß auf ihrem Thron, vor ihr ein prächtig geschnitzter Altar. Priesterinnen verrichteten feierlich ihren heiligen Dienst und sangen von den geheimen Mysterien. Ehrfurchtsvoll verneigte man sich vor dem jungen Brautpaar, das seinen Platz vor dem Altar eingenommen hatte.

Kore erhob sich und sprach:

»So seid ihr vom Götterkreise auserwählt, den heiligen Bund der Ehe zu schließen, als Erben meines Königreiches und Überbringer unserer uralten Traditionen. So sollen das Wohlergehen meines Volkes und die Sorge um die Ahnen eure wichtigsten Aufgaben sein.«

Korybas und Kybele knieten vor der Fürstin nieder und gelobten, sich allezeit an die Gesetze des Königshauses zu halten und den Menschen mit Gerechtigkeit und Güte zu begegnen.

Einige Jahre später gebar Kybele ihren ersten Sohn und nannte ihn Korybas II., nach dem Namen seines Vaters. Wieder waren Jahre vergangen als Kore ihre Söhne und auch Kybele zu sich rufen ließ. Sie sprach zu ihnen:

„Meine Zeit auf Erden neigt sich ihrem Ende zu, denn ich werde erwartet in einer anderen Welt. Meinen Auftrag auf Erden habe ich erfüllt und da ich keine Tochter habe, soll Korybas mein Nachfolger, und König meines Volkes werden. Sollte Korybas aber sterben, wird nicht sein Sohn, sondern sein Bruder Zagreus die Regentschaft antreten. Eure Söhne und Töchter aber werden in die Welt ziehen, um neue Städte zu gründen nach meinem Vorbild und unseren Traditionen. Mein Wille ist das Gesetz. „So soll es sein." Mit diesen Worten verschied die Priesterfürstin.

Als die Menschen erfuhren, dass ihre Königin gestorben war, fielen sie in große Trauer und weinten viele Tage und Nächte. Das Lachen der Kinder war verhallt, und keiner konnte sagen, wie es weitergehen sollte. Das kleine Fürstentum schien wie ausgestorben.

Kybele machte sich große Sorgen, und so sprach sie zu ihrem Gemahl: »Du bist nun der König, der Sohn deiner Mutter, nur du kannst die Menschen trösten.«

So ging Korybas, selbst schweren Herzens, zu seinem Volke und sprach: »Die Trauerzeit muss nun ihr Ende finden. Wir werden zu Ehren unserer Göttin ein großes Fest ausrichten und den großen Tag der Kore feiern! Ich bin nun euer König und meine Gemahlin eure Königin.«

Die Menschen horchten auf und sahen auf Korybas. Da kam Kybele mit ihrem Sohn und trat an die Seite des Königs.

Die Menschen hörten auf zu klagen, denn sie hatten einen neuen König und eine Königin, und so waren sie getröstet. Doch ihre alte Göttin Kore behielten sie allezeit in ihren Herzen, denn sie war den Menschen und ihren Sorgen stets zugetan.

Einige Jahre nach Kores Tod, das kleine Fürstentum hatte sich in der Zwischenzeit um ein Vielfaches vergrößert, kamen einige von den Ansiedlern in den Palast und wollten mit ihrem König sprechen. »Oh, Herr, wir machen uns große Sorgen, denn jedes Jahr werden unsere Ernten geringer. Sage uns, was wir tun sollen«, bat der Älteste.

Korybas nahm die Worte des Bauern sehr ernst. »Zeige mir deine Felder, ich will mir selbst ein Bild machen«, antwortete er dem Mann. So ging die kleine Schar hinaus vor die Tore der Stadt. Korybas war tief betroffen, denn er konnte sich nun selbst davon überzeugen, dass die Felder im Vergleich zu früheren Jahren nur noch karge Früchte trugen.

Was werde ich den Menschen sagen, dachte Korybas.

So sprach er zu den Männern: »Geht jetzt zu euren Familien nach Hause zurück, ihr werdet bald von mir hören.«

Im Palast angekommen, erzählte er Kybele, was er erlebt und gesehen hatte. »Lass uns heute Abend in den Tempel gehen und beten, denn die Ernten werden von Jahr zu Jahr geringer. Es kommen immer mehr Menschen in unser Land, – wir haben eine große Hungersnot zu befürchten.«

Kybele wusste schon lange, dass eines Tages das Unvermeidbare eintreffen würde. Sie würde sich von ihrem geliebten Sohn vielleicht für immer trennen müssen.

Kybele ließ Weihrauch und Myrrhe bringen, um die verstorbene Göttin zu ehren und in diesen schweren Zeiten ihren Beistand zu erflehen. So machten sie sich auf den Weg. Korybas schien nachdenklich und sehr besorgt, stand er doch vor äußerst schwierigen Entscheidungen.

Er erinnerte sich an die Zeit, als seine Mutter noch lebte und sie gemeinsam mit Zagreus zu den einstigen noch in Höhlen lebenden Menschen dort unten am Fluss Kontakt aufnahmen.

»Es war eine schöne Zeit«, sagte Kybele gerade so, als wenn sie die Gedanken des Königs lesen könnte.

Im Tempel angekommen übergab Kybele den Priesterinnen ihre Opfergaben und ging mit Korybas durch einen Säulengang in den innersten Bereich des Heiligtums, zu dem nur die engsten Mitglieder der königlichen Familie Zutritt hatten. Korybas und Kybele knieten auf dem Boden, jeder für sich, und beide versanken tief im Gebet.

Stunden waren vergangen, als Kybele sich langsam aufrichtete und zum Fenster ging. Die Abendsonne hüllte den Himmel in tiefrotes Licht. Ihr Blick folgte den vorüberziehenden Wolken, als sie anfing, zu Korybas zu sprechen.

»Meine Dienerinnen erzählen sich, dass Männer in die Stadt gekommen seien. Sie trügen lange Haare und wären in Waffen und Kampf geübte Krieger, sie kämen auch an diesen Ort, um Kore zu huldigen. Die Menschen erzählen sich, dass sie einst deinen Großvater Zeus vor seinem Vater Kronos, der ihn töten wollte, beschützt hätten.«

Korybas horchte auf, wusste er doch, dass die Kureten schon seit uralten Zeiten die engsten Freunde, aber auch Vettern der Königsfamilie waren. Sein Urgroßvater Zeus hatte ihnen sein Leben zu verdanken.

»Du sagst, sie seien in der Stadt? Mich wundert, dass sie uns noch nicht besucht haben. Ich werde Zagreus zu ihnen schicken, sie mögen in den Palast kommen, und wir werden ihren Rat hören.«

Im Palast angekommen, ließ man Zagreus rufen. Dieser wusste schon Bescheid, denn ihm war seit einiger Zeit ebenfalls aufgefallen, dass die Ernten immer kärglicher ausfielen. Er hatte zwar inzwischen einige Kornspeicher bauen lassen, die, prall gefüllt, für einige Monate die Ernährung des Volkes sicherstellen konnten, doch die Gefahr einer bevorstehenden Hungersnot war nicht zu übersehen. Gleich machte er sich auf den Weg, die Kureten zu suchen.

Von weitem hörte er wunderschöne Flötenklänge und das Klappern von aneinanderschlagenden Kriegswaffen. Das können nur die Kureten sein, dachte er und beschleunigte seinen Schritt.

Da kam ihm auch schon Kuriosus, das Oberhaupt der Kureten, entgegen. Sie verneigten sich voreinander, doch dann nahmen sie sich in die Arme und gingen gemeinsam in Richtung Palast. Die anderen Kureten folgten.

Nach der Begrüßung versammelten sich die engsten Mitglieder der Königsfamilie im großen Saal des Palastes. Kuriosus und drei weitere Kureten nahmen an der geheimen Besprechung teil.

Kuriosus ergriff sogleich das Wort und sprach: »Wir sind gesandt, um das Vermächtnis unserer Priesterfürstin Kore zu erfüllen. Denn ihre unergründliche Weisheit und ihr Gesetz sind der Garant für das Überleben eures Volkes und eures königlichen Geschlechtes für alle Zeit. Für den jungen Königssohn ist nun die Zeit gekommen, die Heimat zu verlassen und in einem fremden Land ein neues Königreich nach unseren Gesetzen zu gründen.«

Korybas wurde sehr nachdenklich, erinnerte er sich doch jetzt deutlich an die letzten Worte seiner Mutter, und erst jetzt verstand er ihre tiefe Bedeutung. Etwas beschämt wandte er sich von der kleinen Versammlung ab und schritt langsam zu den Gemächern seines Sohnes, denn er musste ihm jetzt schweren Herzens erklären, dass sie sich nun bald, vielleicht für viele Jahre oder gar für immer, trennen müssten.

Doch der Königssohn war hocherfreut, dass es endlich so weit war.

Korybas II. wollte König werden – wie sein Vater. Oft hatte ihm seine Großmutter Kore, als er noch ein kleiner Junge war, erzählt, dass er einst ein Volk an einen weit entfernten, fremden Ort bringen werde, um dort ein Königreich zu errichten.

Nun war es so weit, die Zeit war reif und Korybas wartete ungeduldig auf die Erfüllung seiner Vorsehung und auf den Tag des Aufbruchs.

Es sollte noch einige Zeit verstreichen, bis alle Vorbereitungen getroffen waren. Der König wollte sicher sein, dass sein Vorhaben auch gelingen würde. Er schickte einige Männer zum Fluss, um dort Fische zu fangen. Diese wurden getrocknet, um sie den Auswandernden als Proviant für die weite Reise mitzugeben. Andere schickte er aus, um Holz zu holen, um Pfeile und Speere schnitzen zu lassen. Wieder andere besorgten Kleidung und sonstige nützliche Dinge. So war die ganze Stadt in Aufruhr, um die Auswanderung eines Teiles der jüngeren Generation in eine neue Heimat auszurichten.

Nach einigen Monaten war es aber dann endlich so weit. Die Menschen versammelten sich vor dem Palast zum Abschiednehmen. Beinahe aus jeder Familie hatten sich ein oder zwei junge Leute denen angeschlossen, die ihr Glück nun in einem anderen Land suchen mussten.

Korybas II. scharte die jungen Frauen und Männer, die alle etwa in seinem Alter waren, vor dem Palast seiner Eltern. Etwa 25 Kureten wurden bestimmt, um die Auswanderer zu ihrem Schutze zu begleiten. Korybas II. war darüber sehr froh, denn die Kureten kamen ursprünglich von weit her und kannten die Gefahren und Unwägbarkeiten einer so großen Wanderung.

Korybas II. ging auf seine Mutter zu, um sie ein letztes Mal zu umarmen. Sein Vater stand etwas abseits, bis er zum Abschiednehmen an der Reihe war. So gemahnten ihn die Eltern, ihre Traditionen und uralten Gesetze zu bewahren und die Menschen, die sie antreffen würden, nur mit friedlichen Mitteln von den Errungenschaften der noch jungen Zivilisation zu überzeugen.

Kuriosus mahnte zur Eile. Er hatte den Reiseweg festgelegt und war darauf bedacht, dass man noch vor Einbruch der glühenden Mittagshitze die erste Etappe zurückgelegt hatte.

Langsam setzte sich der Zug der Auswanderer in Bewegung, und keiner konnte sagen, was ihnen alles noch bevorstünde.

Gegen Abend hatte man schon eine große Wegstrecke zurückgelegt, als man daran ging, einen geeigneten Schlafplatz zu finden. Es wurde Holz zusammengetragen, um Feuer zu machen, die Frauen bereiteten ein Mahl aus getrocknetem Fisch und Früchten, die sich reichlich in der näheren Umgebung fanden.

Nach der Mahlzeit begab man sich gleich zur Ruhe, nur einige Kureten hielten Wache.

So vergingen Monate und Jahre. Man hatte unterwegs andere Stämme getroffen, Freundschaften geschlossen und Erfahrungen ausgetauscht. Mancher musste unterwegs begraben werden, und mancher war mit anderen Stämmen weitergezogen. Andere hatten sich wiederum ihnen angeschlossen.

Endlich erreichten sie das Gebiet, das ihnen Kuriosus als ihr neues Land beschrieben hatte. Umgeben von einer felsigen Hügelkette lagen fruchtbare Auen in der Ebene, Wasserquellen fanden sich reichlich, und so weit das Auge sah, war die Erde fruchtbar. Es gab Früchte und wilde Tiere.

Korybas II. staunte, so schön hatte er sich die neue Heimat nicht vorgestellt. Er ging sofort daran, nach einem geeigneten Standort für seinen Palast, von dem er schon eine genaue Vorstellung hatte, Ausschau zu halten.

Nach einiger Zeit war ein neues, hierarchisch strukturiertes Fürstentum entstanden. Jede Familie war stolzer Besitzer eines eigenen Steinhauses mit einem Anbau für die Ziegen und allerlei Gerätschaften. Auch eine Schule gab es, in der alle Kinder die geheimen Schriftzeichen, erlernen sollten. Die Kureten, die schon in alten Zeiten Zeus in die Geheimnisse der Wissenschaften eingeführt hatten, unterrichteten die Kinder in Musik und der Bearbeitung von Gestein und Metall. Die Priesterinnen erhielten ein eigenes großes Haus, in dem die Kranken gepflegt und Heilkräuter verarbeitet und aufbewahrt wurden. Auch Bienenhäuser gab es, denn die Schwestern des Kuriosus waren der Bienenzucht schon seit uralten Zeiten kundig, sie kannten ihre Heil- und Nährkräfte ganz genau.

Korybas II. hatte nun seine Aufgabe erfüllt. Er war eigentlich schon lange im heiratsfähigen Alter, doch er hatte bisher noch nicht an eine Heirat gedacht. Außerdem hatte er auch keine Idee, woher er die passende Gefährtin nehmen sollte. Nachdenklich ging er auf das Dach seines Palastes und ließ sich auf einer kleinen aus Felsgestein erbauten Bank nieder und blickte über seine Stadt. Alles war friedlich, die Menschen gingen ihrer Arbeit nach, und alles schien ihm so zu sein wie früher in seiner Heimat.

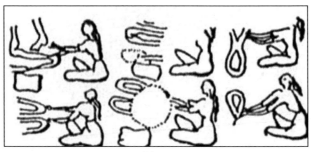

Abb. 23

Frauen sitzen auf niederen Holzgestellen oder auf dem Boden und befassen sich vornehmlich mit der Verarbeitung von Wolle.

»Ich will ein guter König sein«, sagte er leise zu sich selbst, »auch wenn es oftmals schwer ist, allen Menschen gerecht zu werden.«

Korybas dachte an seine Großmutter Kore, die ihn schon vor so langer Zeit verlassen hatte. Ja, alles hatte sich erfüllt, was sie ihm einst prophezeit hatte.

Ich bin ein König geworden und habe mein Volk vor einer großen Hungersnot bewahrt, dachte Korybas, und nun will ich heiraten und Kinder haben. Mein erstes Kind soll eine Tochter sein, sie wird Königin dieser Stadt werden, und meine Söhne werde ich in andere Länder schicken, in denen sie wiederum kleine Fürstentümer gründen werden.

Korybas II. war sehr zufrieden mit sich und seinen Gedanken, eine Familie zu gründen und so die Nachkommenschaft seines Geschlechtes zu sichern. Verträumt blickte er in den bereits von dunklen Wolken verhangenen Himmel, als er plötzlich zu Tode erschrak. Er sprang auf und stieg eilig auf seinen Aussichtsturm.

Da sah er in der Ferne einen dreigezackten roten Blitz. Er hatte so etwas in seinem ganzen Leben niemals vorher gesehen. Wie gebannt starrte Korybas II. in die Richtung der geheimnisvollen Erscheinung. »Die Götter wollen mir ein Zeichen geben«, dachte er aufgeregt, »was soll dies nur bedeuten?« Wieder und wieder erfüllte sich die Luft mit einem seltsamen Rauschen, und plötzlich war der rote Blitz verschwunden. Korybas rieb sich die Augen, doch der Blitz erschien nicht wieder. Eigenartig, dachte er, meine Augen haben mir einen Streich gespielt. Während er langsam die Treppen des Turmes wieder hinunterschritt, erschrak er wiederum aufs Heftigste, denn der rote Blitz hatte es sich auf seiner Felsbank bequem gemacht.

Korybas konnte nicht glauben, was er sah: Kore, seine geliebte Großmutter, saß auf seiner kleinen Bank und lächelte ihm entgegen. Er nahm ihre schönen Hände und sprach: »Sage mir, wie bist du hierher gekommen? Woher kommst du, oh, du große weise Mutter meines Vaters?«

Kore lächelte ihr schönes, tiefgründiges Lächeln und hieß ihn schweigen.

»Lass uns in den Palast gehen, du Sohn meines Sohnes. Heute ist ein großer Tag, und ich habe dir etwas mitgebracht.«

Korybas führte seine Großmutter durch den Palast an einen ruhigen Platz, an dem sie ungestört sein konnten.

So sprach nun Kore zu Korybas: »Vor vielen Jahren, im alten Königreich von Elam, als du noch ein Knabe warst, erzählte ich dir von einer Zeit, in der du einem Volke eine neue Heimat suchen würdest und dessen König du nun bist. Heute aber werde ich dir von der großen Vergangenheit und den heiligsten und geheimen Mysterien unseres uralten Geschlechtes berichten. Und nun schweige und höre meine Worte. Zuzeiten ging deine Urgroßmutter Rhea mit Zeus schwanger. Kronos aber, sein Vater, betrachtete mit Misstrauen die Schwangerschaft von Rhea. Böse Zungen hatten ihm erzählt, dass dieser Sohn, den Rhea gebären sollte, ihn einst von seinem Thron stürzen würde. Daraufhin legten seine Krieger unsere heiligen Stätten in Schutt und Asche. Fortan waren wir vor Verfolgung und Zerstörung nicht mehr sicher. So beschlossen die Priesterinnen des Landes, dessen Name vergessen ist, den Ort des Fluches zu verlassen, um eine neue Heimat zu suchen. Rhea könne ihr Kindlein dann unbesorgt zur Welt bringen. So suchten wir nur eine kurze Zeit und fanden die Erde. Wie ein Diamant schien sie unter all den anderen Planeten hervor und bot in reichlicher Fülle alles, was wir für unser Dasein benötigten.«

Kore hielt inne, ihr Blick ruhte auf Korybas, der schweigend neben ihr saß und aufmerksam und erstaunt ihren Worten lauschte. Kore sprach weiter: »Nimm nun diese Gesetzestafel! Sie wird dich allezeit an deine Bestimmung als Überbringer der göttlichen Verheißung, des ewigen, unsterblichen Lebens und als Bewahrer unseres Thronfolgegesetzes für die friedliche Zivilisierung der Menschheit ermahnen, auf dass es nie vergessen werde.«

Mit diesen letzten Worten verschwand die Priesterfürstin Kore und ward niemals mehr gesehen.

Korybas fand sich alleine mit seinen Tontafeln. Sie waren alles, was Kore ihrem Enkel hinterlassen hatte, und Korybas fing an zu lesen und da stand geschrieben:

Ehret jene, die das Feld bestellen, denn ohne ihrer Hände harter Arbeit hättet ihr kein Brot zu essen.

Übet Toleranz fremden Stämmen und Völkern gegenüber – suchet nicht die Gegensätze, sondern die Gemeinsamkeiten, welche euch verbinden.

Trachtet nicht mit Gewalt euer Territorium auszudehnen, greifet nicht zu den Waffen, empfangt eure Feinde mit reich gedeckter Tafel, begegnet ihnen in Freundschaft und Interesse für ihre Kultur und Religion.

Wenn ein Mensch krank ist, soll er das bekommen, was ihn wieder gesunden lässt, ob er reich ist oder arm.

Seiet nicht maßlos beim Essen vom Fleisch des Tieres und geht respektvoll mit ihm um, denn auch das Tier ist Teil des göttlichen Schöpferplanes.

Wenn die Menschen beten, so betet ein jeder zu dem, was er nicht verstehen kann, zum allmächtigen Schöpfergeist, so in jeglicher Gestalt.

Der Mensch ist nicht bestimmt, in Armut zu leben noch unter ihr zu leiden. Ein jeder soll sich verschaffen, was er zu seinem Wohlsein benötigt, solange er dem Nachbarn nicht schadet, um sich so in Ruhe zu höherer Kultur entfalten zu können. Auch soll er seinen Leib reinlich halten und an Festtagen Schmuck anlegen, denn der Körper ist der Tempel der Seele.

Der Mensch ist ein Kind der Erde und die Erde ein Kind des Universums. Kinder sind die Zukunft eines jeden Volkes. Lehret sie das Wissen, das ihre Ahnen errangen, um ihren Nachkommen ein besseres Leben zu schaffen. Lehret allen alles. Denn Lehren ist die Kunst, die göttlichen Tugenden der Seele zu erwecken.

Mein Tempel aber ist überall dort, wo der Geist der Toleranz und des Friedens in den Menschen wohnt.

Und so bedenket alle Zeit eures Lebens Ende – dann werdet ihr nimmermehr Übles tun.

Ende

Die Choriter

Nach einer erhaltenen Version der israelitischen Sagengeschichte waren die CHORITER die älteste Bevölkerung Palästinas. Ihr Name im Neuen Testament war CHARU (sprich: CHOR). In späterer Zeit haben sie sich nur noch im Wüstenland südlich des Toten Meeres erhalten. Die CHORITER bewohnten Sichem, aber auch den Westen des späteren Judäas. Wahrscheinlich waren sie ein semitischer, kanaanitischer Wüstenstamm, der in der Zeit der Hyksos (aus Asien kommende Königsdynastie) in Palästina eingedrungen ist. Sie wohnten dort, wo die Nachkommen Esaus, die ersten Semiten am Gebirge Seir, lebten. In Südpalästina bewohnten sie die Stadt CHOR, mit deren Namen das Gebiet schon im 2. Jahrtausend v. Chr. benannt wurde.

Der Name der CHORITER stammte wahrscheinlich von den CHURRITERN. Ihre Erwähnung im Alten Testament als HORITER dürfte eine Restgruppe der CHURRITER bezeichnen. Die CHURRITER, deren Name das Wurzelwort KOR enthält, waren ein altorientalisches Volk, das im 3. und 2. Jahrtausend v. Chr. im nördlichen Mesopotamien und Nordsyrien, ursprünglich aber am Van-See beheimatet war. Etwa um 2200 v. Chr. erschienen sie in Nordsyrien und zweihundert Jahre später im östlichen Tigrisland. Ihr weiteres Vordringen nach Süden wurde von den Königen der 3. Dynastie von Ur verhindert, worauf sie sich im Westen bis in das Land westlich des oberen Euphrats ausbreiteten. Hier stießen sie um 1600 v. Chr. auf Hattusili, den Hethiterkönig.

Mit einer adligen Oberschicht von Ariern (Iranern) gründeten sie um 1500 v. Chr. das mächtige Reich von Mitanni, auch CURRI-Land genannt. Um 1350 v. Chr. wurde ihr Reich durch den Ansturm der Hethiter und der von Osten vordringenden Assyrer verdrängt. Innere Wirren und Unruhen führten zusehends zu ihrer politischen Bedeutungslosigkeit, und ihr Reich zerfiel.

Es dürfte nach den vorliegenden Kenntnissen sicher sein, dass die CHURRITER ihren Namen von einem in ihrer Heimat errichteten Territorialstaat erhalten haben. Auch die erwähnte Oberschicht aus Ariern lässt kaum Zweifel daran, dass sie Elamiter bzw. KORYBANTEN waren.

Die untenstehende Kartenskizze zeigt Ausdehnung und Lage der Wohnsitze der CHURRITER.

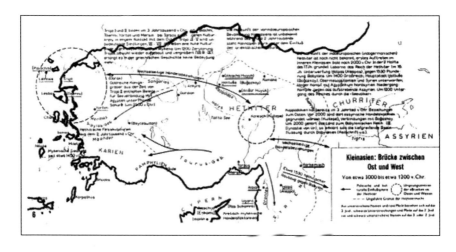

Karte 11

Die Religion in dem von den CHURRITERN gegründeten Reich von Mitanni war in Kleinasien und Syrien weit bekannt. Vor allem der Mythenkreis um den Göttervater Kumarbi mit dem Motiv der Göttergenerationen wurde von den Phöniziern und Griechen aufgenommen.

In Anbetracht der eigensinnigen und wechselhaften Verwendung der Konsonanten in ihrer Sprache haben die Elamiter, wie bekannt, häufig ursprüngliche Namen verändert. So war der Name KUMARBI aus einem früheren KUARBI oder KARBI entstanden, vielleicht aus einem ursprünglichen KORBI bzw. KORYBAS. Die sich auch hier wieder abzeichnenden Zusammenhänge der Namen, die man ohne Mühe als Übereinstimmungen im Wurzelwort mit dem Namen der KORE bezeichnen kann, deuten ebenfalls darauf hin, dass auch Großreiche in ihren Anfängen von einer Oberschicht geführt worden waren, die in ihrem Ursprung Verbindungsmerkmale mit jenen kleinen Territorialstaaten aufwiesen. Auch ihr religiöses Verständnis lässt trotz einiger Abweichungen einen gemeinsamen Ursprung erkennen.

Die Lullubäer

In einem Beitrag zur Geschichte der altvorderasiatischen Bergvölker berichtete Horst Klengel, dass datierte historische Texte über das Lullubäer-Land zum ersten Male in der Inschrift der Sieger-Stele (Säule oder Pfeiler) des Naramsin, König von Akkad, (um 2260–2223 v. Chr.) erschienen waren.

Das Kerngebiet dieses Lullubäer genannten Volksstammes lag im Raum um die heutige Stadt Suleimanija im nördlichen Irak, im Kernland Kurdistans, etwa 100 Kilometer östlich der Stadt KIRKUK. Grob gerechnet wären das etwa 300 Kilometer nordöstlich von CORBIENE (KHORRAMABAD).

Die Lullubäer sind aber nicht nur wegen ihrer geographischen Nähe zu Elam von besonderem Interesse. Wie Horst Klengel nachweist, ist auch die von der Hand der Tochter des Königs Sargon von Akkad, Enheduanna, stammende Hymne von äußerster Wichtigkeit. Den Hinweis darauf hatte Klengel von Dr. J. van Dijk zur Verwendung erhalten.

Dort heißt es:

»(i)n-nin-me-en an nigin-na-mu-d ki nigin-na-mude, elam su-bir-a nigin-na-mu de kur lu-lu-bi-a nigin-na (mude) kur-su-ga du du su mu-(… si)«

Dies bedeutet:

»Ich, die Herrin, wenn ich am Himmel herumging, wenn ich auf der Erde herumging, wenn ich in ELAM, wenn ich in Subir herumging, wenn ich im Gebirge, in Lulibi (Lullubum) herumging …«

In der sumerisch-akkadischen geographischen Liste (II R 50+K 2035 A), führt Kol. 111/1V 27 die Gleichung *kur lu-lu-bi = Lulu-bi-a* an. In der sumerischen epischen Erzählung von Lugalbanda und dem Anzti-Vogel wird das Lulubi-Gebirge (Ku lu-lu-bi) erwähnt.

Damit wäre bestätigt, dass die Landesbezeichnung bzw. der Name seiner Bewohner in beiden Sprachen gleich war. Das Wurzelwort des Namens KUR und die Lage der Wohnsitze dieses Stammes sowie die Erkenntnis, dass sie schon vor der akkadischen Zeit dort lebten, lassen den Schluss zu, dass schon Jahrtausende zuvor sich einer der Königssöhne in der unmittelbaren Nähe Elams niederließ und den dort lebenden Volksstamm in den von ihm gegründeten Territorialstaat integrierte.

Diese Erkenntnis wird durch Belegstellen vertieft, die bestätigen, dass Lullubum in der 2. Hälfte des 3. Jahrtausends v. Chr. existierte und die Bewohner des mesopotamischen Tieflandes die Sprache der Lullubi als fremdartig, barbarisch und dem Elamischen zugehörig bezeichneten.

Corbulo, die Stadt, Corbulo, der Seefahrer, Corbulo, der Feldherr

Johann Heinrich Zedler nennt in seinem Universallexikon (1737) eine Stadt CORBULO in Hispania Baetica, dem heutigen Andalusien, die zwischen Corduba und Ilitargis am Guadalquivir gelegen haben soll (Plinius Hist. Nat. ffl. 1). Man hielt sie für ANDUJAR EL VEIO (Tom. 11., S. 216). Das würde bedeuten, dass die Stadt ANDUJAR, die für das IDEM des Fürsten CORBIS gehalten wurde, entweder später in CORBULO umbenannt wurde oder – was nicht auszuschließen ist – beide Städte, IDEM und CORBULO, nebeneinander in unmittelbarer Nachbarschaft lagen.

Letzteres ist eher anzunehmen, denn es gab zur Zeit des Fürsten CORBIS einen ebenfalls in römischen Diensten stehenden CORBULO, der ein römisches Schiff befehligte.

Im Kampf gegen die mit den Karthagern verbündete Stadt Syrakus auf Sizilien ereignete sich folgende Geschichte:

Während die römischen Legionäre im Jahre 212 v. Chr. in das brennende Syrakus eindrangen und unter anderem auch den berühmten Archimedes töteten, hatte die römische Flotte weniger Kriegsglück. Es gelang ihnen nicht, mit ihren Schiffen in den Hafen der Stadt einzulaufen. Archimedes hatte Abwehrmaßnahmen für die Syrakuser entwickelt, die den Römern so schwer zu schaffen machten, dass sie sich mit ihrer Flotte zurückziehen mussten.

Während der ohnmächtigen Bemühungen der Römer, die Stadt von der Seeseite her zu bezwingen, näherte sich eine karthagische Flotte mit annähernd einhundert Kriegsschiffen. Beim Anblick dieser riesigen Seestreitmacht erlebten die schon der Verzweiflung nahen Syrakuser einen Augenblick hoffnungsvoller Erleichterung, nun doch noch die Römer besiegen zu können.

Die Römer wendeten sofort ihre Schiffe und ruderten mit aller Kraft der karthagischen Flotte entgegen.

Ein besonders großes und mächtiges Schiff ragte aus der Masse der karthagischen Schiffe heraus. Alleine 400 Ruderer trieben dieses Schlachtschiff mit enormer Kraft durch die Wellen, sodass schon ihr Anblick selbst tapfere Herzen erschaudern ließ.

Himilkon, der Kommandant des karthagischen Flaggschiffes, schoss, als sich eines der wenigen römischen Schiffe anschickte, das Schlachtschiff mit seiner scharfen eisernen Bugspitze zu rammen, einen Pfeil auf den Steuermann des römischen Schiffes und durchbohrte dessen Hand. Er ward so am Steuerrad festgenagelt.

Verzweiflung bemächtigte sich der Römer, die nun durch ihre Nähe zum karthagischen Schiff leichtes Ziel der gegnerischen Bogenschützen wurden, denn deren Schiff lag wegen seiner Größe hoch über dem Wasserspiegel.

In dieser tödlichen Gefahr näherte sich ein Schiff, das aus Cumae stammte und mit einer ausgesuchten Mannschaft aus Stabiae besetzt war. Ihr Führer und Kommandant hieß CORBULO. Aber auch sein Schiff, das zu dicht in der Reichweite der karthagischen Pfeile kreuzte, schien hilflos dem Untergang geweiht zu sein.

Diese offensichtlich aussichtslose Lage zwang CORBULO zu einer schnellen Entscheidung, wollte er sein Schiff retten. Kurz entschlossen rannte er zum Bug, wo eine höhere Plattform das Schiff überragte. Er nahm einen Kienspan, der mit einer Spitze aus Pech versehen war, entzündete ihn und warf ihn auf eines der tiefer liegenden Decks des karthagischen Schiffes. Im Nu stand das ganze Schiff in Flammen. CORBULO hatte richtig vorausgesehen, nämlich dass die aufkommende frische Seebrise die Fackel nicht auslöschte, sondern wie ein Blasebalg das Feuer erst richtig anfachte.

Die unerwartete und plötzliche Wende im Kampfgeschehen lähmte die Karthager. Die Hitze des Brandes trieb die Besatzungen der unteren Decks nach oben, wo sie sofort von den Flammen erfasst wurden.

Ein wahres Debakel kündigte sich an. Als brennende Fackeln irrten die Männer ziellos und von Entsetzen gepackt durch die Rauchschwaden, die sich über das ganze Schiff ausgebreitet hatten, und sprangen in ihrer Verzweiflung ins Meer, wo die meisten von ihnen ertranken. Als Himilkon seinen schon zur Hälfte brennenden Körper mit Meerwasser zu löschen versuchte, ließ er sich an einem Tau an der Bordwand des Schiffes herunter, doch er konnte sich nicht lange an dem bereits glühenden Tau festhalten und versank schließlich in den Fluten. Den anderen karthagischen Führern erging es nicht besser. Auch sie, wie der Rest der Mannschaft, sprangen ins Wasser und versanken schreiend in den Wellen des Meeres.

Die restlichen Schiffe der Karthager, soweit sie nicht schon beim Anblick ihres brennenden Flaggschiffes die Flucht ergriffen hatten, wurden durch die Rammstöße der schnellen römischen Schiffe versenkt.

CORBULO hatte durch seinen schnellen Entschluss aus einer fast aussichtslosen Lage einen grandiosen Sieg errungen. Fortan nannten die Römer diesen Typ ihrer Kriegsschiffe CORBITA. Weitere Angaben über diesen CORBULO konnten nicht gefunden werden. Die Namensübereinstimmung mit der erwähnten Stadt am Guadalquivir lässt aber die Vermutung zu, dass er der Fürst dieser Stadt war und dass dieser CORBULO der Vater des CORBIS war.

Der Feldherr CORBULO

CORBULO war der Feldherr des berüchtigten römischen Kaisers Nero und lebte von 20 (24?) bis 67 n. Chr. Während dieser rund zweihundert Jahre seit CORBULO dem Seefahrer könnten Nachkommen nach Rom gezogen sein. Es gibt aber auch Hinweise dafür, dass er aus Narbonne (Frankreich) stammte. Der römische Geschichtsschreiber Tacitus (um 55–115 n. Chr.) und Plinius der Ältere (um 23/24–79 n. Chr.) haben der Nachwelt detaillierte Kenntnisse und höchst interessante Angaben über die Familie dieses CORBULO hinterlassen.

Während Tacitus mehr auf die militärischen und politischen Vorgänge einging, vermittelte Plinius Interna über CORBULOS Familie. Seine Informationen stützten sich auf Mitteilungen seines Freundes, des Dichters Pomponius Secundus, eines weiteren Sohnes der Mutter CORBULOS, die unter dem Namen VISTILIA bekannt wurde. Selbst von adliger Herkunft, hatte sie in sechs Ehen mit Männern der römischen Aristokratie ingesamt sieben Kinder geboren. Der erste war Gilitius, der Vater des im Jahre 65 n. Chr. verbannten P. Gilitius Gallus. Der zweite war Q. Pomponius Secundus, Vater des schon genannten Dichters und Freundes von Plinius. Q. Pomponius Secundus war im Jahre 41 n. Chr. Konsul, sein Bruder 44 n. Chr.

Der dritte Ehemann war Orfitus, Vater des Ser. Cornelius Salvidienus, Konsul 51 n. Chr. Der vierte war Cn. Domitius CORBULO, erst Prätorianer, später Konsul und Vater des berühmten Feldherrn CORBULO. Der fünfte, Sullius, war der Vater des P. Sullius Rufus und im Jahre 51 n. Chr. ebenfalls Konsul. Der letzte Ehemann war Milonius, Vater der Mionia Caesonia, Gattin des römischen Kaisers Gaius Julius Germanicus, auch CALIGULA (»Soldatenstiefelchen«) genannt.

Ganz eindeutig scheinen die Familienverhältnisse nicht gewesen zu sein. Plinius glaubte, dass die spätere Kaiserin und Gattin Caligulas, Milonia, eine Schwester und nicht die Stiefschwester des Feldherrn CORBULO war. Ihre Mutter VISTILIA war nach seiner Meinung die Schwester des Senators Sex. Vistilius.

CORBULO selbst war mit einer Tochter des berühmten Juristen Cassius Longinius verheiratet. Seine Schwiegermutter Junia Tertia stammte aus dem Geschlecht des Kaisers Augustus und war eine Schwester des Brutus, der Caesar ermordete. Junia Tertia hatte mit ihrem Neffen L. Silanus ein Verhältnis, was zu seiner Hinrichtung wegen Blutschande führte.

Aus der Ehe mit CORBULO entstammte die Tochter Domitia Longina. Diese heiratete in erster Ehe den L. Aelius Lamia AEMILIANUS, einen Träger des ältesten adligen Namens in Rom.

Kaiser Domitian verliebte sich in die kluge und schöne, aber sittenlose Frau, entführte sie und machte sie zu seiner Geliebten. Später erhob er sie zu seiner Gemahlin und damit zur Kaiserin.

Der Schauspieler und Pantomime Paris, ein erklärter Günstling des Kaisers, erlag den Verführungskünsten der Kaiserin, die Domitian erst kurz davor zur Augusta (Kaiserin) ernannt hatte. Als der Kaiser davon erfuhr, tobte er vor Wut und Enttäuschung, denn Domitia war die einzige Frau, die er aufrichtig und ernsthaft geliebt hatte. Seine verletzte Eitelkeit, bedingt durch das schamlose Verhalten seiner Frau, förderte seine unguten Eigenschaften, und er beging den ersten Justizmord. Er ließ Paris auf offener Straße erstechen.

Nur sie, die Kaiserin, hätte es vermocht, den mit guten Anlagen ausgestatteten Domitian zu bewegen, nur Gutes für sein Volk zu tun. Domitia wurde verbannt, und Domitian verbannte oder ließ alle ermorden, die in irgendeiner Weise, sei es als Diener oder Hofmeister, zu Domitia standen. Die unausbleibliche Folge seines Hasses, seiner Enttäuschung und des Missbrauchs seiner kaiserlichen Macht war eine Verschwörung, der er am 18. September 96 n. Chr., kurz vor Vollendung seines 45. Lebensjahres, zum Opfer fiel: Er wurde ermordet.

Domitia, die im Jahre 84 n. Chr. verbannt worden war, kehrte nach dem Tode des Kaisers nach Rom zurück und lebte, wie Tacitus berichtete, zurückgezogen, aber unbeeindruckt und geistig ungebrochen bis zum Jahre 104 n. Chr., während der Regierungszeit des Kaisers Hadrian.

Im zweiten Jahr ihrer Ehe mit Domitian gebar Domitia dem Kaiser einen Sohn, der aber kurz nach seiner Geburt starb. Ob beide illegitime Leibeserben hatten, ist nicht bezeugt. CORBULOS andere Tochter, deren Name nicht bekannt ist, war mit einem Annius Vinicianus verheiratet. Er wurde unter seinem Schwiegervater CORBULO im Jahre 63 n. Chr. Legionsrat. Zwei Jahre später wurde er nach Rom befohlen, angeblich um den armenischen König Tiridates zu begleiten. Dort nahm man ihn als Geisel für seinen Schwiegervater in Haft.

Wahrscheinlich war Vinicianus der Urheber der sogenannten Vinicianischen Verschwörung, die um das Jahr 66 n. Chr. gegen Nero angestiftet wurde. Vermutlich war diese Verschwörung nur einem kleinen Kreis um die Familie des CORBULO bekannt und, da sie in der Literatur kaum erwähnt wurde, wahrscheinlich auch ohne Ergebnis.

Des großen Feldherrn Geburtstag ist nicht bekannt. Spätestens im Jahre 46 n. Chr. war er Legat des Kaisers in Germania inferior (das untere Germanien) und kämpfte gegen die Chauken und Friesen. CORBULO erhielt jedoch Befehl, die Offensive rechts des Rheins einzustellen.

Um die Disziplin der ihm unterstellten Legionen zu erhalten, ließ er die Truppen einen Kanal zwischen Maas und Rhein ausheben. Im Jahre 47 n. Chr. würdigte der Kaiser seinen Feldherrn mit einem triumphalen Einzug in Rom für seine hervorragenden Dienste.

Im Jahre 53/54 wurde er Prokonsul für Asien, von wo er als Legat von Cappadocia-Galatia gegen die Parther entsandt wurde.

Im ersten Feldzug (58–60) eroberte er Artaxata (antike armenische Stadt, wahrscheinlich das heutige Artaschat) und Tigranokerta (jüngere Hauptstadt des antiken Armeniens, in der Nähe des heutigen Siirt, Türkei) und vertrieb deren König Tiridates.

Nach dem Tode des Konsuls Ummidus Quadratus schickte Rom den Caesennius Paetus im Jahre 61 nach Armenien, wo dieser ohne Verschulden einer von CORBULO nicht gewährten Hilfeleistung geschlagen wurde. Danach war CORBULO im Jahre 63 alleiniger Befehlshaber mit kaiserlichem Auftrag in Armenien.

Er schloss im Jahre 64 einen Kompromiss mit den Parthern, worauf ihr König Tiridates von Rom seine Herrschaftsinsignien zurückerhielt.

Im Jahre 66/67 verleumdete ein gewisser Arrius Varus den Feldherrn bei Nero. Im Zwiespalt mit seinem eigenen Selbstverständnis und eifersüchtig auf seinen tüchtigen und hoch angesehenen Feldherrn, von Minderwertigkeitsgefühlen gegenüber dem kraftstrotzenden COR-

BULO gepackt, erlag Nero den üblen Nachreden des Varus. Unter einem Vorwand wurde CORBULO nach Griechenland beordert, wo er den Befehl erhielt, sich selbst zu töten. CORBULO, zum Entsetzen seiner Freunde, gehorchte dem kaiserlichen Befehl und starb im Jahre 67 n. Chr. durch Selbstmord im Hafen von Korinth.

Seine letzten Worte sollen gewesen sein, er sei des Todes wert, weil er den Nero geduldet habe.

Es gab Berichte, die besagten, dass Nero Meuchelmörder nach Korinth gesandt habe, weil er selbst nicht glauben wollte, dass CORBULO seinem Befehl gehorche. CORBULO kam aber mit seinem Selbstmord – er stürzte sich in sein Schwert – den gedungenen Mördern zuvor.

CORBULO hätte ohne Mühe Nero von seinem Thron verjagen können. Seine freundschaftlichen wie auch verwandtschaftlichen Verbindungen zum Senat, seine große Beliebtheit bei den Legionen, aber auch beim römischen Volk hätten ihm auch die Legitimation gegeben, Nero zu stürzen.

Das Koreion

Das Fest der Kore – die Nacht zum 6. Januar (heute »Dreikönigstag«)

Der Name Kore, u. a. auch Demeter, Ker, Car, Q're, Cara, Kher, Ceres, Core, oder Ceres genannt, ist so weit verbreitet, dass er wohl als eine der frühesten Bezeichnungen für den »weiblichen Geist des Universums« angesehen werden darf.

Die Heiligtümer bei Karnak in Ägypten sowie die bei Carnac in der Bretagne waren gigantische Tempel und Bestattungskomplexe, die vor über 5000 Jahren der Göttin Kar oder Kore geweiht waren. Die BewohnerInnen von Carnac oder die von Carnuntum an der Donau nannten sich in römischen Zeiten Carnutes – »das von der Göttin Car geborene Volk«.

Car oder Carna war den Römern bekannt als »eine Göttin aus den alten Zeiten«; die archaische Form, in der sie verehrt wurde, hing mit den *Karneia-Festen* in Sparta und dem klassischen römischen *Karneval* zusammen. Eine spätere Abwandlung ihres Namens war Ceres, das Ursprungswort für Wörter wie Korn, Kern, Zerealien, Kardia usw. In Bayern und Österreich beginnt heute noch der Karneval am »Dreikönigstag«, dem alten Tag der Kore.

Das Fest der Kore, das *Koreion*, fand im ganzen Mittelmeerraum und im Nahen Osten bis ins 4. Jahrhundert n. Chr. in der Nacht zum 6. Januar statt und ist dann später als »Fest der Erscheinung des Herrn« (Epiphanias) von den christlichen Kirchenmännern assimiliert worden.

Ursprünglich aber feierte Kores Fest die Geburt des Neujahrsgottes Aion durch die Jungfrau. Fackelträgerinnen gingen in die unterirdischen Kultkammern und brachten eine hölzerne Statue der Göttin herauf, die bis auf ihren Goldschmuck nackt war. Siebenmal wurde sie auf einem Gestell um und durch den Tempel getragen: Die Zahl Sieben bringt Glück und Erfolg.

Das *Koreion* fand als *Kirn* Aufnahme in die britische Tradition, das von den Kirchenmännern im Nachhinein in das »Fest Unserer Lieben Frau« umgeändert wurde.

(Hannelore Vonier, Veröffentlichung mit freundlicher Genehmigung)

Der Planet Kore

(aus: Wikipedia)

Kore (Jupitermond XLIX) ist einer der kleineren Monde des Planeten Jupiter.

Entdeckung:
Kore wurde am 8. Februar 2003 von Astronomen der Universität Hawaii entdeckt. Der Mond wurde entsprechend der Systematik der Internationalen Astronomischen Union IAU vorläufig als S/2003 J 14 bezeichnet und erhielt 2007 den Namen *Kore* nach einem Alternativnamen der Persephone.

Bahndaten:
Kore umkreist Jupiter in einem mittleren Abstand von 24543000 km in 779,2 Tagen. Die Bahn weist eine Exzentrizität von 0,325 auf. Mit einer Neigung von 145,0° ist die Bahn retrograd, d. h. der Mond bewegt sich entgegen der Rotationsrichtung des Jupiter um den Planeten.

Aufgrund ihrer Bahneigenschaften wird Kore der Pasiphae-Gruppe, benannt nach dem Jupitermond Pasiphae, zugeordnet.

Physikalische Daten:
Kore besitzt einen Durchmesser von etwa 2 km. Ihre Dichte wird auf 2,6 g/cm^3 geschätzt. Sie ist vermutlich überwiegend aus silikatischem Gestein aufgebaut. Sie weist möglicherweise eine sehr dunkle Oberfläche mit einer Albedo von 0,04 auf, d. h. nur 4 % des eingestrahlten Sonnenlichts werden reflektiert.

Begriffe und Namen

KORBAN bezeichnet ein gottgewolltes Opfer. Wenn sie geopfert hatten, benutzten die Juden die Redewendung »Es ist KORBAN also Gott gewidmet.«

CORBAJI war in der offiziellen Terminologie der Titel des Kommandeurs der berühmten Janitscharen, der bedeutendsten Kerntruppe des türkischen Heeres, deren Soldaten lebenslang dienen mussten. Die hochgekämmte Haartracht, die nur bei zeremoniellen Gelegenheiten getragen wurde, erinnert an die Haartracht der Kureten.

KORNOSIRIS war der Begriff für eine alte ägyptische Vorstellung, die mit dem Aufsprießen der Vegetation über dem Grab der Toten deren Weiterleben anzeigte. Nachdem er lange nicht benutzt worden war, wurde er in der 18. Dynastie wieder aufgenommen, indem man Urnen in der Gestalt des Osiris mit Erde und Samen füllte, die dann im Grab mit beigesetzt wurden und dort keimten. Auch beim Kult des Osiris stellte man solche KORNOSIRIS her, um das Wiederaufleben des Osiris den Leuten vor Augen zu führen.

CORBEL wurde in der architektonischen Terminologie als Begriff für den Bauteil verwendet, der eine Mauer oder Säule zu stützen hatte; er wurde vorwiegend für dekorative Stützen angewendet.

GORBUNOVA Eine Kulturstufe in der UdSSR nennt man nach ihrem Fundort GORBUNOVA.

KORES In DANIEL 6,29 heißt es: »DANIEL ward gewaltig im Königreich des Darius und im Königreich des KORES, des Persers.« Dieser KORES gestattete im Jahre 538 v. Chr. den Kindern Israels die Rückkehr aus Babylonien in ihre Heimat.

CORBIS, CORIBILO, CORBREDUS, GORBEDUC, GORBONIAN, KURBATILA (= KORBATILA) und KARIBA (= KORIBA(S) sowie CORBILIA und CORBULO In einem Verzeichnis der Fremdnamen in der Hieroglyphenschrift der Ägypter wird das Wort KURUS

(Nr. 967) angeführt, das dem Namen des persischen Königs CYROS bzw. KYROS entlehnt wurde. Es steht nahezu außer Zweifel, dass die persischen Könige diesen Namen von Nachfolgern des KORYBAS entlehnt haben.

KYROS enthält wie die hier wichtigen Namen das Wurzelwort KOR und wurde sicherlich einst aus dem Namen der Kore bzw. aus dem Namen ihres Sohnes KORYBAS, auch KYRBAS genannt, abgeleitet.

CHORITER Älteste Bevölkerung Palästinas, siehe Text im Anhang.

CORBILIUS CORBILIA von Antiochia war der Name eines Mädchens, das durch natürliche Geschlechtsumwandlung zum männlichen CORBILIUS wurde. Das sehr schöne Mädchen hatte viele Freier und als ihre Eltern ihre Zustimmung zu der Wahl eines von CORBILIA bevorzugten Mannes zur Ehe gaben, geschah etwas Ungewöhnliches: Als das Brautpaar nach der Trauung aus dem Hause trat, verspürte CORBILIA einen heftigen Schmerz im Bauch, der drei Tage anhielt. Am vierten Tag, als die Schmerzen unerträglich wurden, stellte man mit Erstaunen fest, dass sie sich in einen Mann verwandelt hatte. Das, was einen Mann auszeichnet – so die Überlieferung –, also das Geschlechtsteil eines Mannes, war mit Gewalt aus ihr herausgetreten. Sie erhielt nun den Namen CORBILIUS und wurde zum Kaiser CLAUDIUS nach Rom gebracht. Dieser ließ dem Wunder zu Ehren einen Altar auf dem Kapitol errichten.

KORROBORI Der Name KORROBORI als Begriff für Gruppentänze erinnert an die Tänze der KORYBANTEN. KORROBORI wurden u. a. zur Darstellung von Jagd- und Kriegsereignissen getanzt. Der Zeitpunkt der Einwanderung der Urbevölkerung Australiens ist unbekannt. Das gegenüber der Torres-Straße (nördlich des australischen KAP YORK) gelegene Neuguinea könnte Ziel auf dem Wege der KORYBANTEN von Indien über Birma, Thailand, Malaysia zu den Inseln Indonesiens gewesen sein. Dafür spricht auch der Name der vor der Südküste Neuguineas gelegenen Inselgruppe KIRIWINA.

KOUROS Bezeichnung für einen jungen und schönen Mann. Sie entstand vermutlich schon in frühester Zeit. Es gibt eine große Anzahl von Statuen, die nach einem solchen Vorbild geschaffen wurden. Als Beispiel wurde das Bild einer Marmorstatue aus dem 6. Jahrhundert v. Chr. gewählt. Sie steht im Nationalmuseum in Athen.

KORYMBATSCHOS Man nannte die Inder in frühester Zeit KORYMBATSCHOS. Die Sprache der Elamiter weist turkmenische Zeichen auf, sodass man davon ausgehen darf, dass hier eine völlig andere Entwicklung als bisher angenommen stattgefunden hat.

KORPILER Volk in Thrakien; KORPILIKA ist die von ihm bewohnte Landschaft.

KORITANORUM Stadt in (Römisch-)Britannien.

Weitere Namen mit dem Stamm C-, G- und Krb

CARBANIA kleine Insel an der etruskischen Küste, jetzt CERBOLI

CARBANTORIGUM, Stadt der Elgoväer in Britannien, jetzt KIRKCUDBRIGHT

CARBANTIA Ort der Linuer oder Tauriner am Po, jetzt CASTAGNA

CARBIA Stadt im nordwestlichen Sardinien, jetzt TORRE DI GALERA

CARBIKESI thrakisches Volk im östlichen Griechenland

CARBIS Bucht und Stadt an der Nordwestküste CORNWALLS (England)

CARBONARIS Name verschiedener Arme des Padua, die im Adriatischen Meer münden

CARBONES antikes iranisches Reitervolk aus Sarmatien

CARBONEROS in der Provinz Jaen/Spanien

CARBONILS in der Provinz Gerona/Spanien

CARBOSENDE in der Provinz Lugo/Spanien

CARBOSTEIRA in der Provinz Pontevedra/Spanien

CARBUEIRO in den Provinzen Lugo und Oviedo/Spanien

CARBUIZ in der Provinz Orense/Spanien

CARBUJEIRA in de Provinz Pontevedra/Spanien

CARBULA Stadt in der Provinz Andalusien/Spanien

CERBERUS Sohn des Typhaon und der Echidna (Hesiod, Theogonie, 311)

CERBICA antike Stadt in Zeugitana (römische Provinz Africa propria)

CHIRBET Trümmerstätte in Palästina

CHIRBET Qumran, Fundort berühmter Handschriften am Toten Meer

CORBA antike Stadt in Latium/Italien

CORBA in der Provinz A Coruña (Nordwestspanien) und in der Provinz Lugo

CORBACERA in der Provinz Salamanca

CORBACEIRA in den Provinzen Lugo, Orense und Pontevedra

CORBACIN in der Provinz Lugo

CORBACHIN in der Provinz Malaga

CORBAL in den Provinzen A Coruña, Lugo und Orense

CORBALAN in der Provinz Saragossa

CORBAS in der Provinz Santander

CORBATE in der Provinz Salamanca

CORBATON in der Provinz Teruel

CORBAN bedeutet eine Verpflichtung, ein Geschenk oder Opfer im Namen Gottes

CORBEIJE in der Provinz Lugo

CORBEIL Vertrag vom 11.4.1258 im gleichnamigen Kloster in Nordostfrankreich

CORBEIRA Name von drei Orten in der Provinz A Coruña und vier in der Provinz Lugo

CORBEIRO in der Provinz Lugo

CORBELLA in der Provinz Lerida

CORBELLE zwei Orte in der Provinz A Coruña, fünf in der Provinz Lugo und drei in der Provinz Orense

CORBESIN in der Provinz Soria

CORBEUS Stadt in Galatien und historische Landschaft in Inneranatolien

CORBIO antike Handelsstadt an der Mündung der Loire, jetzt St. Nazaire/Frankreich

CORBIO ehemalige Stadt der Suessetaner, vermutlich heute CORINOS bei Huesca/Spanien

CORBIO Stadt im Gebiet der Aequer in Latium, jetzt Rocca Priore, südöstlich Roms

CORBILLON in den Provinzen Orense und Pontevedra

CORBINS in der Provinz Lerida

CORBIO in der Provinz Palencia

CORBION Ort an der belgisch-französischen Grenze bei Neufchâteau und Bouillon

CORBIE Kloster und Abtei in Nordfrankreich

CORBIERES Bergkette bei Narbonne/Frankreich

CORBIERES zwei Orte im Bezirk Narbonne/Frankreich

CORBITE fünf Orte in der Provinz Lugo/Spanien

CORBONES in der Provinz Malaga

CORBOS in der Provinz Badajoz

CORBOS antiker Volksstamm im Taurusgebirge

CORBOLA antiker Ort bei Maestra/Norditalien

CORBO spanisches Wort für »Extravagantes«

CORBREUSE Ort im Departement Dourdon/Frankreich

CORBRIDGE Ort in Northumberland/England

CORBUL in der Provinz Jaen

CORBULO Feldherr unter Nero

CORBULO Führer eines römischen Kriegsschiffes

CORBY Name mehrerer Orte in Britannien

CORPIS Stadt in der Bucht von Tunis

CORBILIA, Mädchen in Antiochia, nach Geschlechtsumwandlung CORBILIUS

CORVEY, Kloster und Abtei in Nordwestdeutschland

GARBATUS MONS, Gebirge in Äthiopien östlich des Nils, jetzt Samengebirge

GARBIA, altes römisches Fort des tripolitanischen Limes in Libyen/Nordafrika

GARBIS, antike Stadt in Numidien, historisches Gebiet im östlichen Algerien

GERBO, Ort am Ostufer des Nils

GIRBA, Ort auf der Insel Meniux. Die bedeutenden Purpurfärbereien veranlassten den späteren Kaiser, einen eigenen *Procurator baphii Girbitani* anzustellen.

KARIBA, Namen der sabciischen Priesterfürsten und Könige

KARIBET, verschiedene Orte im Jemen und auf der arabischen Halbinsel

KORYBANTEN, Priester der Kybele

KORYBANTIS, antike Stadt in West-Kleinasien

KORYBAS, Sohn der KORE

KORYPHASIUM, Sitz des Nestor an der Südwestküste des Peloponnes

KURBINOVO, Ort im ehemaligen Jugoslawien

KORPITER, Volksstamm in Nordgriechenland, auch mit C geschrieben

Bildnachweise

Abb. 1: Die Göttin Kore in der Skulpturhalle Basel, Tel. 004161-2615245, Veröffentlichung mit freundlicher Genehmigung von Herrn Thomas Lochmann (Umschlag)

Abb. 2: Hans-Heinz Kürwitz

Abb. 3: Ein Meisterwerk elamischer Kleinkunst

Abb. 4: Bildnis eines Elamiters

Abb. 5: Vase mit Schlange (weiß) aus der Schicht Susa A (Louvre)*

Abb. 6: In endloser Folge lösen sich zwei Motive ab. Bei dem einen bändigt ein aufrechter Stier zwei sitzende Löwen, auf dem anderen bezwingt ein stehender Löwe zwei sich wegbäumende Stiere

Abb. 7: Becher des Susa-A-Stils mit Steinbock, Windhunden und Vögeln

Abb. 8: In endloser Folge lösen sich zwei Motive ab. Bei dem einen bändigt ein aufrechter Stier zwei sitzende Löwen, auf dem anderen bezwingt ein stehender Löwe zwei sich wegbäumende Stiere

Abb. 9: Der Greif ist ein Mischwesen, ein geflügelter Löwe, dessen Kopf und krallenbewehrte Vorderfüße von einem Raubvogel stammen.

Abb. 10: Elamische Jäger

Abb. 11: Dattelpalmen-Pflanzung

Abb. 12: Elams Vertrag mit König Naram-Sin von Akkad (um 2260 v. Chr.)

Abb. 13: Stufenturm (Ziqqurrat)

Abb. 14: Göttin Kore

Abb. 15: Zeichnung von Kristy McNeilly; 14 Jahre, Mal- und Gitarrenschülerin des namhaften Sologitarristen Leon Kappa

Abb. 16: Korybas

Abb. 17: Tanzende Korybanten
Abb. 18: Dame von Elche
Abb. 19: Lithographie Khorramabad
Abb. 20: Jagdszene
Abb. 21: Werkstatt
Abb. 22: Prozession
Abb. 23: Frauen bei der Verarbeitung von Wolle

Die Abbildung 3–13 und die Abbildungen 19–23 aus dem Buch
»Das Reich Elam« von Walter Hinz.

Karten
1 Karte Umschlag Rückseite (Kartenskizze von Elam, W. Hinz)
2 Karte Italien
3 Karte Tartessos
4 Karte Corduba
5 Karte Coruna
6 Karte Frankreich
7 Karte Frankreich
8 Karte Frankreich
9 Karte England
10 Karte Britannien
11 Karte England
12 Karte England
13 Karte Chorriter

Karten 2–13 Familienarchiv

Literaturnachweise

Kapitel I: Der Thronfolgestreit
Josef Nyary, Econ Verlag, Düsseldorf und Wien 1982.
Titus Livius (*um 59 v. Chr. bis 17 n. Chr.), »Ab urbe condita libri« (Die Bücher von der Stadtgründung [Roms] an), 142 Bände, Buch XXVIII, 21, 6–10.
Territorium Idiensis, aus IDE gebildet; nach Diodorus Siculus V. 60, Tochter d. Korybas; Gattin d. kret. Königs Lykastos u. Mutter v. Minos II.; Territorium Idiensis 206 v. Chr. in Titus Livius, Ab urbe condita libri, XXVIII, 26, 6–10
Corbis, Fürstensohn, in Titus Livius, Ab urbe condita libri, XXVIII, 20, 6.
Corbulo in Silius Italicus »Punia«, ins Englische übersetzt von J.D. Duff, 1968.
Corbula, auch Carbula am Guadalquivir.
Scipio, Konsul u. Feldherr der Römer im 2. Punischen Krieg.
Castulo, Stadt d. Oretaner am Oberlauf des Guadalquivir, von Scipio im 2. Punischen Krieg 206 v. Chr. erobert.
Carthago Nova, das heutige Cartagena a. d. span. Mittelmeerküste.
Corbis tötete im Zweikampf seinen Vetter Orsua 206 v. Chr. in der Arena in Carthago Nova. Ronald Syme in Tacitus, I., p. 783, Provincial Romans.

Kapitel II: Nomen est omen
Deutsches Wörterbuch von Jacob u. Wilhelm Grimm, Bd. 30, »Wilb–Ysop«, S. 2355, rechts unter b); unter a): In älterer Sprache so viel wie Stammwort, Wurzelwort, d. h. ein ursprüngliches, selbst nicht zusammengesetztes und nicht abgeleitetes Wort, aus dem andere Wörter zusammengesetzt werden können.
In Joachim Ritter, »Historisches Wörterbuch der Philosophie«, Bd. 2: »D–F«, »Etymologie«, S. 816 f.

Sprachwissensch. Beschreibung d. Wurzel in »Meyers Enzyklopäd. Lexikon«, Bd. 25, S. 535.

Kapitel III: Dem Mythos auf der Spur
Herbert J. Rose, »Einleitung zur Geschichte der Mythologie«.

Kapitel IV: Die göttliche Herkunft in den Mythen
Herbert J. Rose, »Handbuch d. griech. Mythologie«, IV, Die Kinder des Kronos. Die Unterwelt. Hades u. Persephone, S. 87.
»Langenscheidts Großwörterbuch Altgriechisch-Deutsch«, S. 551.

Kapitel V: Bericht über die Messung ungewöhnlicher Strahlungen
»Rätselhafte Botschaft«, in »Der Spiegel«, Nr. 44/88, Bericht über die Entdeckung geheimnisvoller Strahlungen aus dem Weltall.
Artikel zweier Wissenschaftler des Luft- und Raumfahrtinstituts in Bonn, Siegfried Ruff und Wolfgang Briegleb, in »Waren die Götter Astronauten?«, (Hrsg. Ernst v. Khuon), Kapitel 4, S. 82–92.

Kapitel VI: Die Herausforderung der Evolutionsbiologie
Richard Dawkins (Oxford, 1976): »The Selfish Gene«, in »Die Herausforderung der Evolutionsbiologie« (Hrsg. Heinrich Meier), Piper Verlag, München, Kapitel »Auf welche Einheiten richtet sich die natürliche Selektion«.
Mit Beiträgen von Richard Alexander, Norbert Bischof, Richard Dawkins, Hans Kummer, Roger D. Masters, Ernst Mayr, Ilya Prigogine und Christian Vogel.

Kapitel VII: Der Aurignac-Mensch. Über die Frage nach der Herkunft des Menschen
»Die Aurignacien« von Hans-Heinz Kürwitz.
Bericht von Roland Roth.

Kapitel VIII: Das geheimnisvolle Reich von Elam

Aus Walter Hinz, »Das Reich von Elam«, passagenweise wortwörtlich übernommen mit geringfügigen Abweichungen vom Originaltext. Die Verlagsrechte sind erloschen. Weitere Rechtsnachfolger konnten bisher nicht ermittelt werden.

Elams künstlerische Kultur
S. 134, letzter Abs.*
S. 135, letzter Abs.
S. 147, letzter Abs.
S. 148, 1. Abs.

Kapitel IX: Das Thronfolgegesetz
Informationen über das Erbrecht in Elam bei George Cameron, »History of Early Iran«, und bei Friedrich Wilhelm König, »Mutterrecht und Thronfolge im alten Elam«, in Festschrift der Nationalbibliothek Wien, 1926, S. 529–552.
Auszüge der elamischen Staatsverfassung sowie Auszüge über das Reich Elam, Erbrecht, Religion, Kunstschaffen usw. bei Prof. Walter Hinz, »Das Reich von Elam«. Passagen wurden teils wortwörtlich übernommen.
Walter Hinz, »Das Reich Elam«, IV., S. 76.
Walter Hinz, »Das Reich Elam«, IV., S. 77, letzter Absatz.
Johann Jakob Bachofen, in »Meyers Enzyklopädisches Lexikon«, Bd. 3, S. 298.

Kapitel XI: Die Söhne der Priesterfürstin
Korybas nach Helmold, in Eur. Bacc. 123 u. a., Jungermann nach Et. M., Strab. 10, 473 u. a., Berger d.i. Verber, Sohn des Iasion, Sohn der Kybele. Herbert J. Rose, »Handbuch der griech. Mythologie«, VII., S. 158: Die Göttermutter Rhea wird mit Kybele identifiziert; VII., S. 162: An der Peripherie d. griech. Kultur u. des griech. Glaubens steht die große asiatische Göttin Kybele. Die aus der Erde erwachsene Kybele war zweigeschlechtlich, bis die Götter sie durch einen chirurgischen Eingriff auf ein weibliches Wesen reduzierten. Die normale griech. Neigung für das eine oder andere Geschlecht steht im Widerstreit mit der asiatischen Vorliebe für göttliche Wesen, die sowohl männlich wie weiblich sind. Rose, »Handbook of Greek Mythology«, VII., S. 164.

Menge-Güthling, »Basiletos«, in »Langenscheidts Großwörterbuch Altgriechisch-Deutsch«, S. 133.

Kapitel XII: Die Planetengötter

Strabo, »Die Kureten als Volk in Ätolien und Arkanien«, in »Geographika«, 321 (51), 423, 429, 451, 462, 453, 465, 466, 467, 468, 472, 473. Als mythische Götterwesen oder Götterdiener ebd., 466–474, 480, 640. Die Korybanten (51), 466, 469, 470, 471, 472, 473.

Kore, in Herbert J. Rose, »Handbook of Greek Mythology«, VII., p. 164. Persephone, ebd., IV., p. 87.3) Korybas ebd., »Geringe und fremde Gottheiten«, S. 163 f.

Hierapytna, in Strabo 440, 472, 475.

Korybas oder Kyrbas in Strabo 472.

Korybas und Korybanten in Rose, »A Handbook of Greek Mythology«, VII., p. 164.

Mythos in »Meyers Enzyklopäd. Lexikon«, Bd. 16, S. 688.

Hades und Persephone in Rose, »Handbuch der griech. Mythologie«, IV. Die Kinder des Kronos, die Unterwelt Hades und Persephone, S. 87.

Khorremiten in Carl Ritter, »Erdkunde«, Westasien, II. Abtl. IV. Abschnitt, § 19, Iran-Plateau, Khorramabad: Lage, Name S. 207 f.

Zarathustra in »Meyers Enzyklopäd. Lexikon«, Bd. 25, S. 617.

»Meyers Enzyklopäd. Lexikon«, Bd. 7, S. 608.

Altpersische Schrift von 2760 bis 646 v. Chr.

Territorium Idiensis 206 v. Chr in Titus Livius, Ab urbe condita libri, XXVIII, 26, 6–10.

Ritter, »Erdkunde«, Westasien, II. Abtl., § 2. Iran-Plateau, Dranga, Parutah, S. 96–97: Es ist unübersehbar, dass die CORYBANTIER in CORBIANA wohnten. Nach dem britischen Geographen Major Rennell lebten die ORTHO-CORYBANTIER in CORBIANA, zu Rennells Zeiten Kurrimabad, jetzt Khorramabad geschrieben.

Kapitel XIII: Italien

Ritter, »Erdkunde«, Westasien, II. Abtl. IV. Abschnitt, § 19, Iran-Plateau, Khorramabad: Lage, Name, S. 207.

Livius in »Ad urbe condita libri«, Buch II, S. 19.

Corbio in »Der große Atlas – Weltgeschichte«, Orbis Verlag 1990, S. 31, II. B 2; u. Sir William Gell, »The Topography of Rome and its Vicinity«, S. 181.

Coriolanus in Gell, »The Topography of Rome and its Vicinity«, S. 180, 182 u. 184.

»Meyers Enzyklopäd. Lexikon«, Bd. 6, S. 24.

Corioli in Gell, »The Topography of Rome and its Vicinity«, S. 180–185.

Cora, heute Cori, in »Großer Autoatlas« (2002/3), I. S. 221, Ec 72.

Monte Corbino, jetzt Montecorvino-Rovella in Cortona, ital. Stadt in der östl. Toskana, älteste u. bedeutendste etruskische Stadt, »Meyers Enzyklopäd. Lexikon«, Bd. 6, S. 42.

Corbola in Gell, »The Topography of Rome and its Vicinity«, S. 213, Ea 61.

Kapitel XIV: Spanien

Adolf Schulten, »Tartessos«, Kapitel 9, S. 90. Strabos wichtigste Mitteilung über die 6000 Jahre alte Literatur der Tartessier stammt aus Pseidonios (Kap. 11).

Adolf Schulten, »Tartessos«, S. 36, Anm. 6, Tartessos S. 14, Fontes I, 156.

Adolf Schulten, »Die Griechen in Spanien«, Kapitel 9, S. 90 (Gargoris).

Ida, Tochter des Korybas, bei Diodor IV, 62.

Adolf Schulten, »Tartessos«, Kapitel 2, S. 14.

Diodor 5, 20 in Adolf Schulten, »Die Griechen in Spanien«, Kapitel 2, S. 14.

Adolf Schulten, »Die Griechen in Spanien«, Kapitel 2, S. 16.

Adolf Schulten, »Die frühesten Fahrten nach Spanien«, Kapitel 1, Anm. 4.

Eduard Meyer, »Geschichte des Altertums« II, 1, 216; RE s. Minos S. 1925.

Adolf Schulten, »Die frühesten Fahrten nach Spanien«, S. 3 oben.

Adolf Schulten, »Die frühesten Fahrten nach Spanien«, S. 4, letzter Absatz.

Kapitel XVI: Britannien

»Herders Staatslexikon«, Bd. 3, S. 1037, II. Geschichte.

»Meyers Enzyklopäd. Lexikon«, Bd. 25, S. 369

Lavinium in Meyers Enzyklopäd. Lexikon, Bd. 14, S. 703

Aeneas in »Meyers Enzyklopäd. Lexikon«, Bd. 2, S. 178, Gestalt der griech.-röm. Mythologie, Sohn des Anchises und der Aphrodite, Fürst der Dardaner, Verwandter des Priamos. Bedeutendster trojan. Held nach Hektor. Nach älterer Version wird er Priamos' Nachfolger und Herrscher über die den Krieg überlebenden Trojaner. In späteren Versionen wird sein Schicksal mit der Gründung Roms verknüpft.

Penaten: bei den Römern die Götter des Hausinneren, vielleicht ursprünglich die Vorratskammer, in »Meyers Enzyklopäd. Lexikon«, Bd. 18, S. 366.

Ascanius: Gestalt d. griech-röm. Mythologie, Sohn des Aeneas und der Eurydike, nach röm. Tradition des Aeneas und der Kreusa, in »Meyers Enzyklopäd. Lexikon«, Bd. 2, S. 679.

Erläuterungen

George Cameron, »History of Early Iran«.

Sir Percy Sykes, »A History of Persia« (Kapitel III).

»Iran as a Prehistoric Center« von dem deutschen Archäologen und Orientalisten Ernst Herzfeld (1879–1948) und dem britischen Anthropologen Sir Arthur Keith (1866–1955).

A. Billerbecks »Susa«, Eine Studie zur alten Geschichte Westasiens. 15f, 19, 24, 32, 52, 64, 114, 153, 158.

Elamtu in »Mesopotamian Origins« von Ephraim Speiser, II., p. 27.

Anshan in »Mesopotamian Origins« von Ephraim Speiser II., p. 28.
Corbiene in »Erdkunde« von Carl Ritter, Westasien, S. 209, verwechselt m. Corbiana; bei John Mac Donald Kinneir, »A Geographical Memoir of the Persian Empire«, p. 139.
Corbiana, später Statthalterschaft in Elymais, bei Strabo, 745.
Corybas, in der griechischen Mythologie Sohn der Göttin Kore und Stammherr der Korybanten, in Herbert J. Rose, »A Handbook of Greek Mythology«, S. 164.
Corybanten: Verehrer der Göttin Kybele, in Herbert J. Rose, »A Handbook of Greek Mythology«, S. 163.
»Soester Sonett« von Otto Freiherr v. Taube,
www.baltische-ritterschaften.de.